Voir la Chine
du haut de son cheval

Collection
l'Aube poche document

© Éditions de l'Aube, 2003
et 2006 pour la présente édition
www.aube.lu

ISBN 2-7526-0198-0

Éric Meyer

Voir la Chine
du haut de son cheval

mots croisés de destins et proverbes chinois

zŏu   *mă*   *guān*   *huá*

éditions de l'aube

Introduction

Mon premier *chéng yǔ*, ou proverbe chinois, je le reçus lors de mes premiers pas en mandarin, vingt ans plus tôt, de Françoise Paron, professeur de chinois à l'université de Louvain-la-Neuve (Belgique), à qui je dédie ce livre : 走马观花 *zǒu mǎ guān huā*, « voir la fleur du haut de son cheval », évoquait le sort d'un jeune homme au pied bot et d'une fille borgne, dont les parents avaient arrangé le mariage en leur taisant leurs disgrâces mutuelles – faisant fi de l'ostracisme chinois, toujours très en vigueur, vis-à-vis de tout handicap.

Au demeurant, le garçon était cavalier émérite et la demoiselle avenante vue de profil : les présentations furent faites, lui en caracolant sur son palefroi, elle dans ses plus beaux atours, l'admirant depuis la tribune. Puis la fête nuptiale fut menée dare-dare, de manière qu'ils ne découvrissent leur infirmité que dans l'intimité de l'alcôve. Selon la légende, ils en auraient ri, conscients de la chance de s'être trouvés, sans avoir à se reprocher l'un l'autre une union mal assortie.

On pourrait affirmer que le génie humaniste chinois se trouve cristallisé dans cette légende et ce proverbe : il tient à cette rage de marier, d'unir et faire fructifier toutes choses et toutes gens selon leurs vertus propres, en s'appliquant à gommer les détails négatifs et diviseurs.

En toute légitimité[1], ce proverbe a été modifié pour devenir le titre du livre, en remplaçant le *huā* de «fleur» par le *huá* signifiant «Chine». Que le lecteur chinois me pardonne d'oser me mesurer à l'art du *chéng yǔ*, à la manière de «l'apprenti qui dégrossit à la hache, devant la porte du maître menuisier Lu Ban», 班门弄斧 *bān mén nòng fǔ*. Ma maîtrise insuffisante s'accompagne d'une sincère admiration de cette forme de culture ancestrale, mi-populaire mi-littéraire, qui imprègne encore tant la vie de tous les jours au Céleste Empire…

Avec ce recueil, les éditions de l'Aube me permettent de m'aventurer dans une démarche rarement explorée, même en Chine : faire résonner des aventures humaines contemporaines au gong de proverbes séculaires. Cent vingt dictons choisis pour leur expressivité symbolique éclairent autant de scènes de vie entre 1999 et 2003 à travers toute la Chine, du Heilongjiang (frontière russe) à l'île de Hainan qui fait face au Viêt-nam, du Xinjiang (frontière pakistanaise) à Shanghai, trois mille cinq cents kilomètres plus à l'est. Ces tranches de vie furent toutes captées dans la presse quotidienne, qui en a justement détecté l'étrangeté, même à l'œil chinois.

Ainsi, évitant les exégèses pesantes, c'est la Chine qui se raconte presque directement à nous, à travers le filtre de ma plume, aussi impartial que je le peux, et toujours bienveillant. Histoire et proverbe agissent ensemble comme des «mots croisés» du petit peuple du Céleste Empire, son présent à l'horizontale, son passé à la verticale, le proverbe éclairant l'anecdote et vice versa. On y découvrira qu'au fil des siècles, au-delà des vicissitudes de l'histoire, en dépit de l'acculturation

---

1. Aux temps modernes, l'expression signifie «voir quelque chose en galopant» (superficiellement) et s'emploie avec n'importe quel objet, oubliant la fleur du proverbe…

imposée par la révolution socialiste, cette société a su rester fidèle à une esthétique de comportement et de morale. Peut-être sans le savoir, le Chinois fier de l'entrée de son pays dans l'Organisation mondiale du commerce, qui visite Paris ou New York en y laissant des fortunes dans leurs boutiques de mode, conserve et pratique son héritage.

Chaque histoire est assortie de sa date de publication dans *Le Vent de la Chine*, la lettre d'information générale que j'anime sur l'internet [1] chaque semaine depuis 1996. La date indiquée au bas de chaque histoire suit généralement de quelques jours l'apparition de la nouvelle originale dans la presse chinoise. Pour l'intérêt du lecteur, les histoires ont aussi été regroupées en dix chapitres thématiques.

Ces deux paramètres (dates et thèmes) permettront au lecteur, s'il le désire, une lecture différente, celle de la très rapide mutation des mœurs. Chaque chapitre, qu'il décrive l'agonie de l'idéologie ou la métamorphose des rites, permettra de deviner les changements fulgurants qui se déposent chaque année par strates dans les âmes et l'incroyable adaptabilité exigée de tout Chinois, jeune ou vieux. On devinera ces deux aspects majeurs de cette population : le stress ambiant [2], réponse au « marche ou crève » quotidien, et les créativité et réactivité proprement stupéfiantes de ce peuple aguerri aux épreuves.

On découvrira ainsi combien la culture écrite est à l'honneur en ce pays : pas moins de quatre premiers romans, publiés en trois ans, sont évoqués dans ce livre, dont deux écrits par des enfants.

---

1. Le site internet http://www.leventdelachine.com offre chaque semaine l'éditorial gratuit du *Vent de la Chine*.
2. Le taux de suicide en Chine est le plus fort du monde et la première cause de mortalité chez les jeunes de moins de trente-cinq ans, selon le Centre pékinois de prévention du suicide.

Chéng yǔ signifie « expression aboutie » ou formule fixée. Il provient souvent d'une œuvre ou légende, cristallisation des écrits de ce peuple laïque, dont la littérature constitue sa Bible. Le *chéng yǔ* renvoie d'ailleurs souvent implicitement à cette légende connue de tous – connivence entre tous Chinois membres d'une famille-nation et culture à tiroirs. Autant dire que le concept chinois de proverbe ne se recoupe pas avec l'occidental : il englobe expressions, adages, atavismes et boutades. Chaque fois que cela a été possible, j'ai donné ma version de la légende évoquée.

Le *chéng yǔ* sert aussi à la Chine de mode de pensée préfabriquée et atavique. Pour toute situation, un proverbe moralisateur est disponible, préjugé permettant l'économie d'une prise de position et d'affirmation d'identité. On verra en postface qu'avec la renaissance en cours de ce pays, le *chéng yǔ* reçoit un nouveau mandat exaltant et inverse : celui de matériau fondateur d'une pensée propre, où l'individu réduit ses liens au groupe pour « prendre le large ».

Le nombre des *chéng yǔ* est infini : les dizaines de dictionnaires disponibles en alignent jusqu'à douze mille, avec un nombre illimité de variantes. Preuve de la présence vive du *chéng yǔ* dans cette société : il continue à s'en créer tous les jours, intégrant les technologies modernes, telle, dans ce livre, « la fille rouge de la télé », destinée à détrôner le traditionnel « vieillard sous la lune » dans le rôle d'entremetteur de mariage.

On remarquera, dans la plupart des histoires citées, l'absence d'aboutissement. La première raison apparente est fort banale : il est plus facile de dévoiler un scandale que de le régler. Aussi la plupart des affaires sombrent-elles dans l'oubli volontaire des journalistes, faute de fin présentable.

Mais il y a autre chose, plus riche de sens, en cette tendance chinoise aux narrations fractionnées et sans issue. En Occident, le procès, la fuite du foyer conjugal ou la brouille homérique ont nécessairement des conséquences, formant le pic ou la conclusion du récit. Mais dans ces anecdotes au départ écrites par et pour des Chinois, l'important est ailleurs. Il réside dans la dynamique de l'action et l'émotion du moment, la manière d'être plutôt que sa conscience. Il faut voir dans ce regard posé sur l'instant, l'autoportrait d'une Chine hors du temps. Loin d'être une faiblesse, l'absence d'épilogue est ici un principe esthétique, comme le tour de poignet délié du calligraphe ou le geste simple des semailles d'automne, actes qui sont fort distincts et distants du sens du texte que l'on calligraphie, ou de la récolte au printemps : la Chine est l'univers de tous les possibles, où rien n'existe, sauf la forme – pas même la mort : c'est le 无为 *wú wéi* ou «non-faire» de Laozi.

Pour les transcriptions alphabétiques, j'utilise le *pīn yīn* (la graphie officielle en République populaire et, depuis peu, à Taiwan), sauf dans les expressions déjà figées en français, comme «Hong Kong» (transcription cantonaise, très lointaine du mandarin qui parle de «Xianggang»). Les valeurs financières sont exprimées en euros ou en yuans, dits aussi *rén mín bì* (la «monnaie du peuple»). Un yuan (¥), au cours présent (qui fluctue fort), équivaut à neuf centimes d'euro. Le terme de Canton est utilisé pour désigner la métropole méridionale, tandis que la province est citée sous son vocable moderne de Guangdong.

Chaque histoire est illustrée par le proverbe en idéogrammes, son pinyin qui vous permettra de le prononcer, si telle est votre envie, et, pour les amoureux de l'écriture manuscrite, sa calligraphie originale. L'histoire proprement dite est précédée de la traduction du ou des proverbes suivie de son titre.

Il me reste à remercier tous ceux qui m'ont soutenu dans ce projet. Bernard Viry en fut le mécène. Au sortir de Chine,

9

Marie-Paule et Jean-Pierre Farnéa, Jacques et Simone Deschamps m'offrirent les havres nécessaires pour achever la rédaction du livre. Li Feng m'offrit sans réserve les trésors de son érudition et c'est à Li Hongtao, son père, maître en la matière, que le livre doit ses calligraphies originales. Nadine Hu soutint le projet avec enthousiasme. Tous ces amis et bien d'autres furent mes complices dans cette aventure, «renards sur la même colline», 一丘之貉 *yī qiū zhī hé* !

Pékin / Saint-Cyr / Royan, juillet 2003

I

« Les affaires de la maison »
Amour, famille

家里事儿

jiā   lǐ   shì   'r

命 中 注 定

mìng   zhōng   zhù   dìng

« La femme au sort fatidique »
ou **Vénus chinoise dont la beauté est sa prison**

Quel est le secret sensuel de la femme d'Orient ? Il vient de la conscience objective de sa faiblesse en ce monde d'hommes. Il est pétri de lutte pour la vie et de volonté, occultées derrière la fallacieuse douceur des paupières en amande.

Parmi ces femmes simples et fatales figure Ahua, paysanne de Shimen (Hunan), *record-woman* (elle s'en serait bien passé) de la femme la plus vendue en mariage, l'ayant été huit fois en treize ans :

– Tendron, à seize ans, elle fut cédée en 1985 par son père à Li, laboureur.

– En 1991, elle vint à Canton chercher du travail ; deux escrocs lui firent miroiter un emploi mirifique : elle fut kidnappée et fourguée pour 1 400 yuans à Wang, paysan.

– Découvrant après trois semaines que sa nouvelle compagne de lit avait été stérilisée (opération souvent obligatoire pour les femmes dans les villages après deux enfants, ce qui était le cas de Li avec son mari précédent), Wang se dépêcha de la revendre à Liang, son voisin : il fit 300 yuans de profit dans l'affaire.

– Liang la garda trois ans avant d'avoir des ennuis financiers : il la céda à Peng, qui la désirait ardemment, au point de la payer 2 300 yuans. Peng l'aima au point de lui permettre deux ans après, sentimentale, de retourner chez son mari d'origine. Éplorée, elle dut alors réaliser qu'une autre poule était au poulailler : Li le laboureur profita de sa présence pour légaliser le divorce et garda les enfants !

– Elle retourna donc chez Peng.

– En novembre 1998, sur le chemin du marché, elle ne put empêcher Chen, malfrat notoire, de l'enlever encore et même de l'insulter en ne la revendant que 80 yuans à Gao, villageois impécunieux.

– Honteux de cette braderie, Chen se ravisa peu après, la rekidnappa et la revendit à Liu pour un prix plus honnête (300 yuans). C'était compter sans Peng le fidèle qui battait la campagne pour la retrouver : il y parvint en juillet 1999, sans pouvoir aligner les 1 000 yuans demandés par Huang, autre comparse auprès de qui Chen l'avait entre-temps placée.

– Peng appela la police, qui coffra la bande du trafic d'épouses de location. Peng commit enfin le pas qu'il aurait dû faire au premier jour : entraînant dare-dare Ahua au bureau des mariages, il lui passa la bague au doigt.

Cette saga – peut-être pas terminée – reste muette sur l'énigme essentielle : était-ce la beauté ensorcelante de Ahua, son ingénuité ou une certaine perversité qui entraîna tous ces malheurs ? Toute sa vie, Ahua restera *mìng zhōng zhù dìng*, « la femme au sort fatidique », faisant perdre la tête à tout homme sur son passage et le forçant à venir la prendre, l'enfermer et la clamer sienne !

26 juin 2000

电视红娘

diàn   shì   hóng   niáng

« La fille rouge de la télé »
ou L'entremetteuse
des temps modernes

Rencontres du samedi (TV-Shanghai), *E-friend* (internet)… Dans leur course haletante au box-office et au taux d'écoute, les portails internet comme les chaînes de télévision vivent ces mois-ci une prolifération de programmes de rencontres matrimoniales. E-friend fonctionne comme un club, avec sorties entre couples unis par les annonces de www.51friend.com, site au nom explicite : en mandarin, « 51 » résonne comme *wǒ yào*, « je désire »…

Dans cette évolution, le message est ambigu et composite. On y voit la libération des jeunes face à la famille et au système de gestion des vierges par les parents ou grands-parents dans le sens des intérêts du clan. Ce n'est pas une mince émancipation : les temps du mariage arrangé, avec dot et entremetteuse, sont loin d'être révolus dans les campagnes. Même certaines *dān wèi* (unité de travail) ou communes de production agricole (qui se

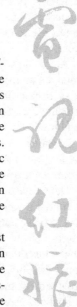

raréfient mais existent encore) encouragent les unions endo-gènes. Face à cet étouffant cocon, les sites et programmes TV de mariage ne peuvent qu'apporter un vent bienvenu de prise en charge de soi.

Mais cette mode exprime aussi l'inverse : l'aliénation montante des « lumières de la ville », l'incapacité à passer à l'acte dans la quête de l'âme sœur, l'échec de la ville à libérer les jeunes. Faute d'avoir appris à se parler, les jeunes sont impuissants à partager émotion, désir ou confusion amoureuse. Le fait d'être en ville n'enseigne pas à prendre le risque de plaire.

Alors, sites internet et plateaux TV ne sont qu'un ultime avatar d'entremetteur, manière de s'affranchir, contre paiement, de sa responsabilité d'aimer. Aujourd'hui, la marieuse est virtuelle : c'est la *diàn shì hóng niáng*, « La fille rouge à la télé ». Cette soubrette de légende, qui assistait secrètement les amours de sa maîtresse et du bel inconnu repoussé par ses parents, a pris les traits fardés et la mise en plis de la présentatrice dans l'étrange lucarne.

Dans cette approche mercenaire de l'amour, le comble est atteint à Taiwan. Certaines chaînes insulaires se spécialisent dans la présentation de filles chinoises n'ayant pas de temps à perdre et qui déclinent devant la caméra leurs CV et exi-gences. Les esseulés solvables choisissent leur promise sur pied. Il en coûte plus de 30 000 yuans par mariage. L'union est alors virtuellement menée, la paperasserie réglée. La femme est « emballée » et acheminée – faisant économiser au vieux beau [1] la peine d'un voyage en Chine.

La formule est populaire : en quatorze ans, pas moins de cent quarante mille jeunettes continentales ont ainsi fait le grand

_____

1. La plupart des candidats dépassent la quarantaine et ont déjà convolé.

saut vers l'île, épousant des barbons *mǐn nán*[1] dont elles caressent les héritages. Ce qui promet, d'ici peu, bien du travail aux juges et avocats, qui traiteront cette moisson de procès en succession !

4 novembre 2002

---

1. Principale ethnie de Taiwan sous laquelle se rangent 80 % de la population.

借腹怀胎

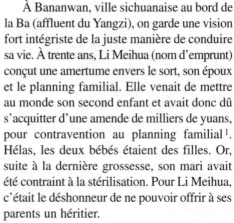

jiè   fu   huái   tāi

«Emprunter le ventre d'une femme pour engendrer son fils!»
ou **Louer une mère porteuse**

À Bananwan, ville sichuanaise au bord de la Ba (affluent du Yangzi), on garde une vision fort intégriste de la juste manière de conduire sa vie. À trente ans, Li Meihua (nom d'emprunt) conçut une amertume envers le sort, son époux et le planning familial. Elle venait de mettre au monde son second enfant et avait donc dû s'acquitter d'une amende de milliers de yuans, pour contravention au planning familial[1]. Hélas, les deux bébés étaient des filles. Or, suite à la dernière grossesse, son mari avait été contraint à la stérilisation. Pour Li Meihua, c'était le déshonneur de ne pouvoir offrir à ses parents un héritier.

Sous l'enfer des sarcasmes de ses beaux-parents, sa situation devint si intolérable qu'elle conçut un expédient. Au village, les vieux

---

1. Voir p. 42 «La vieille huître engendre une perle» et la limitation réglementaire à un enfant par couple.

garçons ne manquaient pas – faute de patrimoine et face à la raréfaction des filles à marier parties à la ville, attirées par sa liberté et ses salaires. Au fil des ans, Li offrit successivement à chacun d'eux de devenir sa compagne rémunérée, au nom du service, traditionnel en Chine, de mère porteuse : *jiè fù huái tāi* («Emprunter le ventre d'une femme pour engendrer son fils !»). Le marché comportait toutefois une clause restrictive. À la naissance, si l'enfant était une fille, elle reviendrait au père, moyennant dédommagement. S'il s'agissait d'un garçon, Li le garderait. Ainsi fût-il.

Par ce trafic elle s'enrichit, dit la chronique. Si l'amant-père s'avérait incapable de lui payer le montant prévu, elle se servait chez lui, emportant le bébé – ou tout objet de son choix – pour le revendre. L'histoire ne dit pas ce que pensait le mari – brave homme, un peu trop complaisant peut-être. Dans cette saga, le désir de tromper ou l'espoir de plaisir ne jouèrent probablement qu'un rôle mineur, voire aucun : ce qui comptait, c'était le respect des ancêtres – et pondre un garçon.

La punition lui vint du ciel : après huit grossesses extra-conjugales, les dieux ne l'ont toujours pas bénie d'un enfant mâle. Et à cause de la révélation par la presse de ce curieux destin, la justice, jusqu'à présent indolente, pourrait finir par se montrer plus pointilleuse face à la fertilité débridée de Li Meihua : en Chine, c'est un enfant par femme, pas dix !

28 mai 2001

姐妹易嫁

jiě　　　mèi　　　yì　　　jià

«Au lit conjugal,
la cadette relaie l'aînée»
ou **Deux sœurs pour un homme (1)**

Bien des gongs et crécelles ont vibré dans l'air frais du samedi 8 février, premier jour de l'année propice aux hymens, selon le *fēng shuǐ*[1] national. Mais dans ce village dont la presse tait le nom, le mariage de Guan Xiaoming se trouvait compromis : il n'y avait pas de fiancée au numéro demandé ; sa promise, quelques semaines avant, s'était éclipsée sans laisser de traces !

La défection de la demoiselle n'avait rien d'incompréhensible : les experts internationaux s'accordent à conclure que plus de la moitié

---

1. Le *fēng shuǐ* (littéralement, «vent et eau»), énergie propice ou au contraire négative, surgit en permanence de points sacraux partout sur terre, selon certains caps ou orientations et à certaine fréquence. Il est sujet d'études poussées à travers le monde chinois et régit toutes les décisions et cérémonies : une maison, une usine doivent être orientées de manière à recevoir le bon *fēng shuǐ*. De même, mariages, enterrements et voyages, signatures de contrat se font à une date au *fēng shuǐ* approprié.

des suicides féminins au monde se déroulent en Chine, dont 80 % à la campagne, lieu de peine et de rudesse pour la femme. Mais l'affaire était dommageable pour le père Zhou, qui allait devoir rembourser les 8 000 yuans de dot déjà versés, sans pour autant éviter les lazzi des voisins et la haine inextinguible du clan Guan – et cela pour des générations.

« Il y a bien Hongying, la petite sœur », suggéra l'entremetteuse, anxieuse elle aussi de se sortir du mauvais pas et de toucher sa commission. Tout le monde retint son souffle. Bonne fille, Hongying réfléchit : l'affaire était tentante. Et puis Xiaoming, le fiancé, était si seul et triste – c'était d'un romantique…

Mais si, d'autre part, Yingying, l'aînée, regagnait les pénates paternelles inopinément ? Retardant sa réponse, Hongying posa ses conditions. Le mariage avait été fixé par le devin local à une date intangible. Depuis deux jours, les femmes balayaient, cuisinaient, tandis que les hommes déplaçaient les meubles pour rendre l'espace accessible à une foule…

Une heure avant la fête, la fiancée vendue donna le « oui ! », qui déclencha des milliers de pétards jubilatoires. Même le maire et le secrétaire du Parti fermèrent les yeux sur l'âge de la gamine – dix-sept ans, ce qui frappait de caducité le mariage, au terme de la loi de protection des mineurs : l'union fut célébrée sans manière ni tampon. Il sera temps, plus tard, de régulariser. Ce genre de substitution de sœurs auprès d'un homme est si banal en Chine qu'il a son proverbe : *jiě mèi yì jià*, « Dans le lit conjugal, cadette et aînée ont échangé leur place ! »

22 février 2003

生米煮成熟饭

shēng   mǐ   zhǔ   chéng   shóu   fàn

« Quand le riz est cuit, il faut le manger »
ou **Deux sœurs pour un homme (2)**

Quittant leur village de Tangkou au début des années 1990, deux sœurs-fleurs de province, Yan Caiyun et Yan Caifeng, s'en allèrent faire leur vie à Shenzhen comme monteuses en usines électroniques, bientôt rejointes par leur père veuf.

Les années passèrent, laissant apparaître de fines ridules au bord des paupières. Ni les services de l'entremetteuse ni les prières paternelles au vieillard sous la lune [1] n'avaient pu éviter aux jeunes femmes le titre infamant de *lǎo gū niáng* (vieilles filles) : c'est que la vie était enfin douce, à Shenzhen, et les plaisirs faciles. Quel mal y avait-il à sortir le soir et jouir de la vie, après une enfance vécue dans la précarité ? Elles travaillaient et étaient maîtresses de leur vie, après tout ! Mais le jour du trentième anniversaire de l'aînée, la coupe fut pleine chez le père, qui entra dans une

---

1. Voir « La fille rouge de la télé », p. 15.

22

colère homérique, forçant les deux Yan à méditer sur leur comportement.

Quelques mois plus tard, miracle : les deux sœurs revinrent au foyer, chacune avec un prétendant ! Aux anges, le père pria l'aînée de lui présenter son homme la première. Catastrophe : au bras de sa sœur, la cadette reconnut son promis ! La quarantaine sonnée, craignant la vieillesse, Li (c'était le nom du tourtereau) avait couru deux levrettes à la fois, sans découvrir leur parenté. Et pour couronner le tout, les filles étaient toutes deux enceintes…

Shēng mǐ zhǔ chéng shóu fàn, « Quand le riz est cuit, il faut le manger ! », trancha le père : on tirerait à la courte paille. C'est la jeunette qui gagna l'époux. L'aînée n'eut droit qu'à un avortement pour tout potage !

4 décembre 2000

吃了吗, 离了吗, 复了吗

chī   le   ma   lí   le   ma   fù   le   ma

« As-tu mangé ? As-tu divorcé ?
T'es-tu rabiboché ? »
ou **Brûlante dernière mode, le divorce !**

La nouvelle manière branchée de se dire bonjour n'est plus *chī le ma ?* – « as-tu mangé ? » –, mais *lí le ma ?* – « as-tu divorcé ? ». L'apostrophe brutale prend le drame à la légère, comme une excentricité. On se sépare en copains et le divorce est un signe extérieur de richesse : par la grâce de la modernité, l'on se retrouve affranchi de l'enfer de la famille et des diktats confucéens. Le dernier avatar de cette mode est plus ambigu encore. *Fù le ma ?* – « t'es-tu remis en ménage ? » – suggère que l'on est revenu à son premier amour : « Les plats réchauffés sont les meilleurs. »

En 2003, deux millions de couples chinois se déferont. À peine passé le Nouvel An lunaire, des milliers d'êtres en tourmente se sont placés aux portes des bureaux de l'état civil, deux par deux en ombrageuses files d'attente. Pour se quitter, comme pour les mariages, on choisit des dates propices, au méridien favorable, tels le 8 février (cinquante couples divorcés à

24

Wuhan) ou la Saint-Valentin – le Chinois est passé maître en inversion de sens et de valeurs.

En réalité, en Chine comme ailleurs, le divorce est un calvaire et l'humour qui s'y rattache, un moyen de sauver la face par le kitsch. Mais, par ce pieux mensonge en forme de politesse du désespoir, les divorcés en entraînent d'autres dans leur sillage, aux motifs inattendus, voire bizarres. À Qiqihar (Heilongjiang), au terme d'un règlement abrogé mais non abandonné, la mairie remboursait 80 % de leur note de charbon aux « pères de famille » et par tolérance, aux divorcé(e)s : en dix ans, soixante-dix épouses mirent leur mari à la porte avant que le maire ébahi, n'ordonne la fin de cette discrimination sexiste !

En matière de divorces, Pékin est un cas à part : Jeux olympiques obligent. D'ici 2008, année des Jeux, les deux tiers de son sol seront rasés et rebâtis, causant de monstrueuses expropriations, généreusement dédommagées. Il se trouve qu'en cas de divorce, la prime est doublée afin de permettre à chaque conjoint de se reloger. Il en résulte, en ce moment même (été 2003), une épidémie de désunion économique. La mairie a dû légiférer en urgence : « Une fois que l'on s'est affranchi des liens du mariage, il est formellement interdit d'en contracter à nouveau avant dix-huit mois. »

Enfin, l'embrasement des mariages et divorces comme feu de paille fait deviner le fond sentimental de la crise : les jeunes n'ont plus envie de vivre ensemble, ayant perdu foi dans la famille et n'ayant pas reçu de formation aux principes d'altruisme et de confiance. Maladie passagère, prix à payer, trente ans plus tard, pour l'expérience de Mao Zedong, qui déstructura toute émotion ou rapport de cœur au profit de la Révolution !

8 mars 2003

夫为妻纲

« Le mari dirige sa femme »
ou « Parle pas aux étrangers ! »

Par rapport aux traîtres nationalistes en tenue d'opérette et aux cadres socialistes honnêtes qui hantent l'imaginaire compassé de la TV chinoise, *Parle pas aux étrangers !,* le feuilleton à la mode, apporte au public une rupture brutale et bienvenue. Zhang Jiandong, le réalisateur, reconnaît avoir voulu frapper : il fait cogner, en vingt-trois épisodes, la femme au foyer.

Parle pas… aborde le problème jusqu'alors tabou de la violence conjugale. En art comme en vie réelle, la Chine préfère glisser sur les scènes malséantes ; Zhang n'épargne rien au public, faisant passer l'héroïne à tabac six insoutenables fois. Il démonte le ressort du drame, la honte de l'épouse rossée et l'impression que « c'est de sa faute », les serments d'ivrogne du mari jaloux de ne « jamais recommencer », la lâcheté des proches qui la maintiennent dans son enfer, au nom du qu'en-dira-t-on.

Autre convention dénoncée : le coupable n'est pas pauvre, ni victime d'une éducation déficiente ou encore rendu sauvage par l'insalubrité d'une banlieue industrielle. Il s'agit d'un médecin respectable et prospère de Xiamen, île-cité fleurie en mer de Chine. Pas d'excuse de classe : l'homme bat régulièrement sa femme avec un raffinement de prétextes et de violence, tout simplement parce qu'il en tire du plaisir !

Chez les Chinois, le message fut reçu cinq sur cinq : la violence au foyer, selon les chiffres de la très sérieuse Fédération des femmes, ne relève pas du feuilleton, mais de la vie banale de 37 % des foyers, ruraux et urbains, dont les voisins entendent tout à travers les murs de papier mâché et se taisent : « Pas nos affaires ! »

Par milliers, des femmes ont remercié par écrit ou par téléphone pour cette thérapie de choc dévoilant les machos, *fū wéi qī gāng* [1]. Quant au ministère de la Culture, il fait ses comptes, perplexe. Le téléfilm, certes, ne donne pas du pays une image politiquement correcte. Mais ses droits en cours de rachat dans cinq pays d'Asie et d'Amérique (et les taxes qui tombent tout droit dans son escarcelle) lui font découvrir, forme imprévue de mondialisation, que cette pratique honteuse de la Chine ne lui est pas unique et que l'image nationale – contre toute attente – en ressort grandie, comme celle d'une société ayant le courage de discuter de ses problèmes en face. Et puis, au fond, qu'importe la manière dont on parle de la Chine à travers le monde, pourvu qu'on en parle !

19 janvier 2003

---

1. Littéralement : « Le mari sert de filet à la femme ». Ce précepte définit l'une des trois sujétions confucéennes, reflétant au plus profond la mentalité traditionnelle chinoise. Les deux autres prescrivent que l'empereur a tout pouvoir sur son ministre, tout comme le père sur son fils.

爱之欲其生, 恶之欲其死

ài   zhī   yù   qí   shēng,   wù   zhī   yù   qí   sǐ

« La passion pour la vie, puis la haine jusqu'à la mort ! »
ou Ma(L) donne à Shanghai

Le jour où Jiang Ming, étudiant en troisième année à l'Institut des langues de Shanghai rencontra Yina, brillante Sino-Américaine de vingt ans, diplômée de Stanford et polyglotte, le coup de foudre fut mutuel. Sans attendre, ils se mirent en ménage.

Ce fut l'amour-passion. Ils passèrent dès lors tout leur temps libre à lire, discuter, se câliner et chanter, en pleine fusion… Jiang Ming n'eût jamais pensé qu'une liaison pût s'avérer aussi heureuse, partagée et totale, monopolisant toutes les fibres de son être et de son âme, au risque d'affecter son assiduité aux études.

Le tableau pourtant n'était pas sans ombres. À commencer par celle au menton de Yina, qu'il fallait raser chaque matin – effet secondaire indésirable, expliqua-t-elle, de son traitement contre la leucémie, sans lequel elle ne serait plus en vie. Maladie oblige, d'ailleurs, ils étaient contraints de faire chambre à part. L'indigence économique de Yina, en revanche,

28

ne posait aucun problème : Jiang était trop heureux d'entretenir sa bien-aimée, dans l'impossibilité toutefois de rencontrer ses parents qui désapprouvaient cette union et lui avaient coupé les vivres.

Cependant, un lourd secret pesait sur Yina. Elle voulait s'affranchir et tout risquer pour transposer cette passion dans le monde réel, car si son histoire habilement bricolée était frappée au coin du mensonge, son amour pour le jeune homme était sincère. Quelques verres dans un bar lui permirent de se confesser à un ami commun et tout avouer : elle n'avait pas vingt, mais trente-quatre ans. Elle n'était pas Yankee mais *hù rén*, argot local pour Shanghaïenne. Elle n'était pas femme mais homme. Il n'était nullement fiché à Stanford comme polyglotte, mais bien à la police shanghaïenne comme travesti.

Bafoué, Jiang vit rouge : c'est le *ài zhi yù qí shēng, wù zhī yù qí sǐ* («La passion pour la vie, puis la haine jusqu'à la mort !»). Sous prétexte de récupérer les 20 000 yuans investis dans leur vie commune, l'étudiant traîna Yina en justice, – en réalité, c'était son honneur viril qu'il tentait illusoirement de recouvrer.

L'homosexualité, pour lui, est une insulte. Mais sa blessure la plus profonde est celle d'être devenu la risée de toute l'université : comment n'a-t-il pas pu s'apercevoir que celle avec qui il était supposé faire l'amour du soir au matin depuis six mois, au risque de la rendre dix fois enceinte, était du même sexe que lui ?

Il faudrait dire à Jiang Ming qu'il est loin d'être le seul à partager cette ignorance du monde des sens et que celle-ci n'est pas une tare : elle rappelle la virginité sentimentale d'une Europe des années 1950 (immortalisée dans les films de Bourvil), chez un peuple encore décidément très fleur bleue !

17 janvier 2000

阴差阳错

yīn   chā   yáng   cuò

« Le Yin à peu près
et le Yang faux ! »
ou Le monde à l'envers

À sept ans, vivant chez ses grands-parents à Renshou (Sichuan), Petite Paix est sans doute un des seuls enfants en Chine à ignorer où se trouve son père, Wang Wei.

Comme tant d'autres avant eux, son père et sa mère Hu Yuhua étaient montés à la capitale en 1995 avec leur garçonnet, attirés par les néons de la gloire. Elle leur avait souri et leur petit restaurant marchait très bien, rempli tard toutes les nuits d'amateurs de *yú xiāng ròu sī* (porc épicé en lamelles) et autres piquantes spécialités sichuanaises.

Jusqu'à cette nuit d'été 1998 où Yuhua, montée à l'étage dans leur chambrée pour y faire une pause, tomba à la renverse en découvrant Wang Wei maquillé, perché sur des hauts talons, le corps moulé dans une de ses robes. Sans honte, d'un ton réfléchi, il lui déclara qu'à présent leurs difficultés matérielles résolues, il entendait réaliser le rêve de sa vie : devenir femme.

30

Refusant de croire à ce *yīn chā yáng cuò*, « Yin à peu près et Yang faux ! » (monde à l'envers), Yuhua crut à une lubie – après tout, il lui avait fait un fils. Elle refusa donc l'opération pour l'instant, mais toléra qu'il se travestisse à condition qu'il ne pratique sa manie que dans le secret des quatre murs de leur chambre – que le commerce n'en pâtisse pas, surtout !

Wang Wei s'accommoda du compromis quelque temps, puis, bien sûr, se mit à le transgresser par petites échappées toujours plus audacieuses. Après neuf mois, la coupe pleine et, constatant la détermination de son conjoint, Yuhua l'accompagna à Chengdu chez un professeur célèbre pour ses opérations de chirurgie transsexuelle.

Après leur divorce en cadeau d'adieu, « elle » (Wang Wei) lui céda l'établissement et refit sa vie mille kilomètres plus au sud, à Canton – comme coiffeuse. Voilà pourquoi personne, chez ses grands-parents, n'a le cœur d'annoncer à Petite Paix qu'il n'a plus de père, mais deux mamans.

12 juin 2000

含饴弄孙

hán　　*yí*　　*nòng*　　*sūn*

«Pépé-sucre d'orge
des petits-enfants»
ou **Papa gâteau**

Toute son existence à Nankin (Jiangsu), Zhao attendit le troisième âge comme la saison de cueillette du fruit de sa vie, c'est-à-dire le moment où il pourrait agir à sa guise et jouer les *hán yí nòng sūn*, pépé gâtant au sucre d'orge ses petits-enfants.

Enfin retraité, il dut déchanter. Non que l'État ou le comité de quartier interfère encore dans son quotidien. C'étaient ses enfants qui l'empoisonnaient, s'ingérant sans cesse dans ses choix, en prétendant régenter le vieil imbécile.

Lao Xin, son accorte voisine, vivait les mêmes soucis, et pour cause: Zhao et elle avaient décidé de rompre leur veuvage et partager en douceur leur crépuscule doré.

«Pas question! Jamais», vociféraient les enfants. La tradition avait fait son temps: place aux jeunes et qu'ils dirigent désormais le clan, prenant le pas sur leurs ancêtres, un pied dans la sénilité. Et puis, ils souhaitaient tout, sauf une marâtre (ou un barbon) qui harponnerait leur patrimoine… Réuni en comité de salut public, le syndicat des héritiers vota unanimement et sans appel l'interdiction aux vieux de se remarier !

Confrontés à ce problème désagréable, nos tourtereaux ridés avaient cependant sur leurs enfants l'avantage de l'expérience. Au lieu de déployer une force de tempête qu'ils ne possédaient plus, ils renoncèrent sans sourciller à leurs pauvres biens, réalisant une donation de leur vivant. À ce prix, ils obtinrent de leurs indignes rejetons qu'ils leur assurent, en viager, une place dans un même hospice, correct et ombragé, ou, plus exactement, un appartement commun qu'ils partagent en concubins.

C'est ainsi que ces vieillards sacrifièrent quelque chose de précieux mais, dans leur cas, accessoire (le mariage) pour conserver l'essentiel – la vie commune.

L'anecdote recouvre un trait sociologique, assez marquant pour occuper des pages de la meilleure presse chinoise, tel le *Yangcheng* de Canton : laissés-pour-compte des temps modernes, tenus pour peu de chose par les jeunes générations, de nombreux vieux Chinois déploient de grands efforts pour remplacer leur famille par une communauté issue de leur génération. Le devoir de remeubler leur existence est le phénomène, jusqu'à présent peu compris, à la base de la naissance du Falungong et de nombreux procès de parents contre leurs enfants – pour abandon !

6 mai 2002

小鸟依人

xiǎo   *niǎo*   *yī*   *rén*

«Le petit oiseau se pose sur son épaule»
ou Un garçon recrute son père

Dans les villes-dortoirs, véritables royaumes prolétaires, on travaille dur et, le soir venu, entre les parents et l'enfant unique épuisés, on ne cause pas. Si père et mère souffrent de cet anonymat face à la chair de leur chair, ils ne le montrent guère. Quant aux rejetons, ils ne sont pas supposés étaler leurs états d'âme…

Sauf qu'à la longue, comprenant que la lâcheté des adultes lui vole un pan irremplaçable de sa jeunesse, la nouvelle génération finit par faire la révolution! Depuis Taihe, banlieue de Shanghai, un garçonnet de sept ans émerveille la Chine par la solution géniale qu'il a trouvée à ce problème existentiel.

Cela faisait six mois que le père de Benben n'avait pas échangé avec lui un traître instant de complicité. Il était vidé par son turbin sous-payé sept jours sur sept et douze heures par jour dans un emploi anonyme et remplaçable, où l'on vient si l'on veut, pour toucher son enveloppe chaque soir.

Un soir, l'air de rien, «Papa, combien tu gagnes?» demanda l'enfant. «Trente yuans par jour», marmonna le chef de famille, avant de replonger dans son ennuyeuse émission à la télé. Mais un vendredi soir du mois suivant, voilà que *xiǎo niǎo yī rén*, «le moineau se pose sur son épaule» (l'enfant vient faire un câlin): Benben tendit au père une enveloppe contenant des billets, en lui annonçant: «Papa, voilà ton salaire d'un jour. Demain, je te recrute, on va au parc. D'accord?»

Les parents furent très inquiets: comment Benben s'était-il procuré cet argent? L'avait-il volé? À l'école toute la journée, leur fils n'aurait pas dû pouvoir effectuer une tâche rémunérée…

Quoique rassurante, la clé de l'énigme leur servit de leçon. L'enfant avait pris l'argent sur l'enveloppe que sa mère lui donnait chaque matin pour son sandwich, forme fruste de demi-pension. Pendant quatre semaines, sans rien dire, le garçonnet s'était nourri au pain sec, jusqu'à disposer de quarante yuans, le montant exact nécessaire pour payer son père et les deux billets d'entrée au parc d'attractions.

Le père était un homme simple et fruste, mais qui ne manquait ni de cœur ni de raison: depuis lors, chaque samedi, père et fils, main dans la main, s'en vont au parc!

19 novembre 2002

一无所长

yī　　　wú　　　suǒ　　　cháng

« Un parfait vaurien »
ou **Un garçon recrute une mère**

Dans ce collège de Xuanwu (Pékin), le jeune cancre Sun se retrouva un beau soir avec un carnet de liaison déplorable et la perspective d'une réunion de parents d'élèves deux jours plus tard, où sa mère ne pourrait que perdre la face, sous les critiques des professeurs. C'était la tuile. Peu de parents en Chine sont indifférents aux résultats de leurs enfants. L'enjeu est trop important, alors que le gros de la prospérité revient à ceux qui exercent les responsabilités. Les 5 % de diplômés de cette société encore fruste se partagent les bons salaires, et même la possession d'une carte du Parti, aujourd'hui, ne suffit plus pour monter au pinacle des nantis. Pour sa dérive scolaire qui ébréchait sérieusement les espoirs de sa famille, Sun risquait une punition exemplaire.

L'élève fit alors preuve de créativité. Disposant d'un peu d'argent de poche, il recruta une femme dans une agence intérimaire, qu'il envoya au meeting à la place de sa mère, tenue dans l'ignorance. Le coup était risqué : il dérapa.

L'enseignante réalisa à la première réplique que cette paysanne au regard torve et à la mine coupable faisait une mère bien improbable : par quelques questions bien aiguisées, elle eut tôt fait de la confondre !

La suite s'embrouilla extrêmement. Informés de la tentative de traquenard de leur rejeton, mère et père brandirent la menace d'un procès, assorti d'exorbitants dommages et intérêts, contre l'agence de placement et contre le collège, qu'ils accusaient de désinvolture et procédures bâtardes : le lycée aurait dû s'assurer que le livret scolaire parvienne aux parents et l'agence n'aurait jamais dû louer ses services à un mineur, comme le leur spécifia le bureau local de l'Industrie et du Commerce.

À l'officine d'intérim, l'employée rétorqua, indignée, qu'elle ne servait, par principe, que des adultes – la fraude devait venir d'ailleurs et ne pouvait lui être imputée. La fausse mère s'effondra en sanglots, alléguant n'avoir rien compris à tous ces micmacs.

Un professeur de droit barbu statua, après consultation de ses collègues de la faculté, qu'il n'y avait ni loi ni jurisprudence qui permette d'épingler ce délit-là : le système légal de la République populaire était pris en défaut. C'est ainsi qu'un *yī wú suǒ cháng* (« maître en rien du tout » – cancre) a suscité un vide juridique, de quoi occuper journalistes, juristes, éducateurs et une commission parlementaire nationale pour des mois !

28 janvier 2002

养 虎 遗 患

yǎng　　hǔ　　yí　　huàn

« Nourrir un tigre en son sein, c'est se préparer des malheurs »
ou Crime d'honneur

En mars 2002, à Qingxiang, bourgade du Shandong alternant fermes, échoppes et ateliers de tracteurs, c'était la fête : Zhaoyuan, gloire du village, était de retour. Zhaoyuan était si douée qu'après ses études à Nankai (à Tianjin, une des meilleures universités du pays), elle avait poursuivi par un doctorat aux États-Unis, boursière sur un prestigieux campus. Avec son mari, camarade de fac qui l'avait suivie en Amérique, ils gagnaient 96 000 dollars par an. Ils avaient surtout la merveilleuse *green card*, promesse de citoyenneté yankee : c'était le paradis atteint, à vingt-cinq ans !

C'est justement de là que naquit le drame. En Chine, une loi tacite taxe de trahison l'abandon du pays. Si d'aventure l'on revient, fortune faite, éclate la *hóng yǎn bìng*, « maladie des yeux rouges » – la jalousie du clan. Pour l'apaiser, il faut payer. À Tianjin, où ils s'étaient rendus d'abord, le beau-père les avait déjà impudemment taxés de 10 000 dollars – leur pécule de vacances.

Ce dont ils ne se doutaient pas est qu'à Qingxiang, quand le père de Zhaoyuan apprendrait la chose, sa première et seule réaction serait d'en réclamer autant. Ils refusèrent net. Il prétendit alors transiger à 3 000 dollars ; ils s'enferrèrent dans un veto adamantin. Une orageuse dispute s'ensuivit : le père se retira bouillant de rage, proférant de vagues menaces contre les enfants refusant d'honorer leurs parents…

Avec son sens borné, le père parlait sérieusement. Au nom du dicton, *yăng hŭ yí huàn*, « nourrir un tigre en son sein, c'est se préparer des malheurs ! », il attendit l'aube pour exécuter à la hache sa fille et son beau-fils endormis. Le vrai malheur l'attendait dès lors, avec son exécution inévitable : le traitement cruel infligé à ces jeunes n'est pas du genre que Pékin entend favoriser. La Chine tente d'encourager les retours des cerveaux formés à l'étranger. Pas leur assassinat par les parents jaloux.

Ce qui frappe, en fin de compte, c'est l'explosion de haine et la faillite de tous les arbitrages courants. La mort des jeunes fit sauter dans la Chine entière l'image de la famille, faite de cohésion, de sagesse et de capacité à déminer les conflits les plus vicieux. Quand détonna la crise, ces malheureux ne trouvèrent d'aide ni dans leurs études ni dans la tradition. Fétus de paille, ils se retrouvèrent déchiquetés entre un confucianisme déformé par cinquante ans de stalinisme (réduit au simple droit de propriété des pères sur les enfants), l'*american way of life* qui glorifiait la suprématie absolue de l'individu et de l'argent et le socialisme autoritaire.

Tous les systèmes de résolution des litiges avaient failli, sauf la peine de mort réservée aux assassins, qui fut probablement appliquée. Si tel est le cas, elle ne rendit au village ni sa fierté ni ses héros !

9 septembre 2002

不肖子孙

bù   *xiào*   *zǐ*   *sūn*

«Les enfants sans cœur»
ou Ingratitude de la jeunesse

Au tribunal d'Urumqi (Xinjiang[1]), entre affaires de chapardage de mouton ou de rivalités tribales, les greffiers ont pris l'habitude de voir chaque mois Mme Zhang arriver à pas menus, puis attaquer son fils en justice, sous le motif de *bù xiào zǐ sūn* (manque de respect envers les parents). Le lendemain, selon un rituel immuable, la vieille revient et retire sa plainte aussi cérémonieusement.

En décembre 2001, une magistrate plus curieuse que d'autres prit le dossier et s'en alla enquêter auprès des voisins. Elle constata vite qu'avec son F3 et sa pension de 1 000 yuans (assez belle somme, à Urumqi), Mme Zhang n'était pas dans le besoin.

Élevé sur place, le fils l'avait quitté après le bac pour poursuivre des études supérieures

---

1. Immense territoire désertique à l'Ouest, où les Ouïghours coexistent mal avec les colons «Han»-chinois, aujourd'hui probablement majoritaires (malgré l'affirmation du Conseil d'État d'un pourcentage de Han de «43 %» sur une population globale de 19 millions fin 2000).

sur la côte, dans la « vraie » Chine verte et souriante. Puis il s'était fixé à Zhuhai, porte de l'or à la frontière de Macao.

Quoique pas peu fière de la réussite de son garçon, Mᵐᵉ Zhang se languissait de lui – son mari était depuis long-temps décédé. Elle avait donc imaginé cet innocent stratagème. En portant plainte, elle l'obligeait à faire ce voyage de trois mille cinq cents kilomètres pour se présenter à la convocation judiciaire. Et puis une fois à Urumqi, il pourrait bien, tant qu'à faire, rendre visite à sa vieille mère !

Mais à peine l'action engagée, Mᵐᵉ Zhang sentait le remords sourdre en elle. Ne voulant pas faire du tort à son héritier, elle détricotait alors sa trame, pour la relancer le mois d'après.

Fascinée par sa découverte, la juge élargit alors ses recherches : toute une série d'autres vieux « Han » à Urumqi pratiquaient cette même valse-hésitation judiciaire, pour revoir leur enfant perdu. M. Qu, par exemple, attaquait régulièrement ses filles, parties refaire leur vie à l'Est.

Elle découvrit cette génération de pionniers sacrifiés de l'histoire révolutionnaire. Trente à cinquante ans plus tôt, ils avaient été volontaires pour noyer dans leur masse les ethnies minoritaires du Xinjiang, du Tibet, du Qinghai ou du Gansu. À présent, leurs conjoints morts, ils se retrouvaient seuls, loin des leurs et de la terre natale. Leur propre rêve politique s'était depuis longtemps éteint : pension mise à part, ils avaient tout perdu.

Cette bizarre histoire de Mᵐᵉ Zhang est un avatar de la légende du « vieux con déplaçant la montagne » (voir p. 88) : elle parle de vieillesse, de folie et d'un combat digne mais ingagnable pour « déplacer la montagne » – faire revenir son fils à soi.

21 janvier 2003

老蚌生珠

lǎo　　　bàng　　　shēng　　zhū

« La vieille huître engendre une perle »
ou La mode des mères quadragénaires

En 2001, Tianjin, treize millions d'âmes, a vu naître soixante quatorze mille six cents enfants : c'était un tiers de moins que quatre ans plus tôt. Dix ans avant, Tianjin avait compté deux cent trente mille ados [1] de plus. Le démographe est formel : un couple tianjinois sur huit refuse désormais d'enfanter, et tant pis pour le vieux sage Mencius et son commandement : « Des trois manières d'insulter ses parents, rester sans héritier est la plus grave ! »

De cette grève des maternités, la conséquence est inévitable : plus de la moitié des maternelles de la ville ont disparu : en 2001, elles ne sont plus que deux mille six cents.

La « faute » en revient au contrôle des naissances, bridées à un enfant par couple. Cela a donné une génération d'enfants adulés et gâtés, que toute la pyramide familiale se dispute. Adultes, ils veulent se maintenir dans

---

1. Dans la tranche d'âge des moins de quatorze ans.

ce cocon de rêve – donc, ne pas faire d'enfant. Longtemps sevrée de plaisirs, toute la société urbaine exige de se rattraper. Faire ce qui lui plaît. Étudier, sortir en bande, fréquenter ses chefs (ascenseur pour la carrière). En même temps, l'enfant cesse d'être nécessaire comme soutien des vieux jours : il est en cours de remplacement par la caisse de retraite !

À cette panne des berceaux, de nouvelles raisons sont en train d'apparaître, traduisant une révolution de l'être. Bien des femmes refusent de convoler avant d'avoir trouvé le partenaire juste – on ne se marie plus pour le qu'en-dira-t-on ni pour faire laver ses chaussettes par son conjoint. Une exigence fulgurante fait exploser les foyers : celle de s'accorder. Cessant d'être le faire-valoir des parents, le mariage devient l'enjeu et le moyen d'une réalisation de soi. C'est donc à une quête de sens à la vie que correspond la grève des maternités.

Alors, au grand souci des médecins, arrivent les mères quadragénaires, enfin prêtes sur le tard à donner le jour à la chair de leur chair. Dès 2001, Tianjin comptait quatre mille mères âgées de plus de trente-cinq ans, surnommées *lǎo bàng shēng zhū* – vieilles huîtres qui font une perle. Face au phénomène, un sexologue de l'université Fudan (Shanghai) y voit l'annonce de nouvelles formes de familles, monoparentale ou homosexuelle !

Libérée de sa dictature du prolétariat vagissant, la ville respire ! Depuis 1990, Tianjin a cessé d'investir dans ses bébés : son budget de puériculture a chuté de 85 % et ne compte plus que pour 0,71 % de son produit intérieur brut. Désormais, elle peut s'offrir des autoroutes, le gaz, une marina, une cité-jardin, des parcs. Des dizaines d'architectes étrangers invités préparent le remodelage de la ville, pour un projet global chiffré en milliards d'euros : Tianjin veut devenir une des villes d'Asie les plus vertes et les plus agréables : revanche sur le passé, les berceaux et les pays riches.   11 novembre 2002

II

« Le bonnet de gaze noire »

(Le rond-de-cuir)

**Corrompue jusqu'à la moelle,
l'administration**

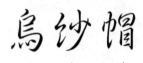

wū   shā   mào

渔翁得利

yú   *wēng*   *dé*   *lì*

«Quand le héron et l'huître se disputent, le pêcheur profite!»
ou **Une querelle paysanne** très *high-tech*

Un matin d'hiver 2000 au village de Yudi, le fermier Chen Jinzhu dut se rendre à l'évidence : sa truie préférée n'était plus dans sa bauge. Le même jour, Chen Chengfeng son voisin rapporta la même perte. Solidaires, les paysans firent une battue pour récupérer les bêtes.

Bientôt, une laie fut détectée. Hélas, une seule ! Finie, la solidarité : à force de palabres, puis de horions, chaque clan réclama la cochonnaille, dont elle fournissait le même portrait-robot (cent cinquante kilos et une tache blanche sur le groin). C'était la preuve qu'une des parties mentait effrontément.

Le commissaire se proposa comme arbitre et fut agréé des deux parties, dont la haine mutuelle et la passion d'obtenir gain de cause dépassaient désormais leur méfiance envers le policier notoirement truand.

47

La suite était inévitable : en un jugement plus digne de La Fontaine que de Salomon, le policier décréta, entre les plaignants, une vente aux enchères dont le produit constituerait ses honoraires. À 700 yuans, Chengfeng l'emporta et célébra sa victoire par une mémorable soirée à la *bái jiǔ* (gnôle), dont il régala tout le bourg : en dépit des apparences, le seul gagnant dans l'histoire était le policier, justifiant le proverbe *yú wēng dé lì*, « quand héron et huître se disputent, le pêcheur les mets au pot » !

Cependant, Jinzhu ne se tenait pas pour battu. Dès le lendemain, il tira une éclatante revanche, sous la forme d'une assignation au tribunal local, pour une « reconnaissance en paternité » du cochon, par test ADN. En Chine, c'était une première !

Il fallut encore quelques mois pour faire venir de la ville les hommes en blanc, qui débarquèrent en août pour procéder aux prélèvements sanguins sur la truie du litige, ainsi que sur un porcelet de Jinzhu.

Un mois plus tard, les résultats tombèrent, inflexibles : les deux pourceaux étaient bien du même sang ; confondu comme tricheur et déloyal voisin, Chengfeng dut souffrir successivement toutes les pertes : celle de sa femelle, celle de la face et surtout le paiement des 15 000 yuans de l'examen.

Maigre consolation, le juge ordonna au policier de lui restituer les 700 yuans des enchères, ce qui valut à Chengfeng la rancœur durable du défenseur de la loi. La punition était sévère – il est vrai qu'en Chine rurale, monde rude où l'entraide est obligatoire, la rupture de solidarité est l'une des transgressions les moins supportables.

19 février 2001

恍然大悟

huǎng   *rán*   *dà*   *wù*

«Le grand éveil, tout d'un coup»
ou Se déssiller les yeux

Loisir récent et donc peu socialiste, la loterie connaît un succès populaire et commercial important en permettant jour après jour à des gens venus du néant de toucher des fortunes.

Toutefois, amateurs, attention à quelle entreprise vous avez affaire ! En dépit de gros efforts de l'État central pour assagir la profession, la légèreté du cadre réglementaire – ou le refus des organisateurs politiquement protégés – d'appliquer la loi, fait courir tous les risques à la masse des joueurs. D'autant qu'en sus des deux grandes loteries «nationales» (celle du sport et celle des œuvres sociales) coexistent des milliers de concurrentes, toutes dotées d'un semblant de légitimité ou d'accointances policières, à tous les niveaux de pouvoir – tentant de récupérer les miettes de ce pactole au départ monopole d'État.

Le 20 avril 2001 à Wuhan (Hubei), le tirage d'une loterie municipale, avec son super gros lot de 3,5 millions de yuans, fit perdre la boule aux organisateurs, qui osèrent monter une embrouille pour s'assurer que la mise chute dans leurs poches plutôt que dans celles, oiseuses, des masses laborieuses.

Cent balles multicolores portant chacune un chiffre flottaient dans un tambour transparent, bien visibles sur l'écran géant de l'auditorium et de la chaîne de TV locale. Un seul trou à la base de l'appareil permettait de capturer en cinq prises les segments de la combinaison gagnante.

Mais ne s'improvise pas escroc qui veut : dès le premier tirage, la balle gagnante provoqua des protestations par son parcours erratique. La seconde fut pire, mettant hors d'elle la salle entière qui hurlait à la fraude, frisant l'émeute : la chute des sphères échappait à la loi de la chute des corps. Dès ce moment, tout le monde avait compris : c'était le *huăng rán dà wù*, « le grand éveil, tout d'un coup ».

Dans la combine, les huissiers refusèrent de bouger, alléguant qu'on les payait (mal) pour être « des yeux, et non des mains ». Finalement, ce fut le pompier de service qui, pris à partie, ouvrit le tambour, sortit les deux balles litigieuses et les ouvrit de son canif : sous l'œil horrifié de la caméra, elles vomirent leur contenu de limaille de fer !

Épilogue : la recette est sous scellés et la justice cogite pour trouver la meilleure manière de dénouer sans trop faire de vagues ce premier grand scandale du jeu en République populaire. Peu inquiet pour son avenir (car fonctionnaire), le personnel de la loterie dort du sommeil du juste.

14 mai 2001

南街大鼓北街舞

nán   jiē   dà   gǔ   běi   jiē   wǔ

«La rue du Sud bat les tambours et celle du Nord danse»
ou **Les ripoux ne craignent personne**

Depuis novembre 2002, la ville méridionale, presque tropicale, de Canton compte un magasin extraordinaire où, sur une dizaine de mètres carrés, on trouve tout ce dont l'humanité la plus exigeante peut rêver.

Ayant eu vent du négoce interlope, un journaliste du quotidien *Yangcheng*, qui s'était mis en planque, vit débarquer devant la boutique un chargement de fleurs et légumes puis, vingt minutes plus tard, deux paniers de choux, une grande corbeille d'oranges et pour faire bon poids, quatre tables basses, le tout empilé à côté des cotonnades, du rayon de librairie, des fours à micro-ondes. À l'étage s'alignaient armoires, lits, guitares et canapés. Devant la porte attendaient par dizaines vélos, motocyclettes et tricycles. Si ce commerce pouvait tant stocker sur si peu d'espace, c'est que le débit était vertigineux – dès l'aube, les chalands faisaient la file : tout se bradait à prix dérisoire. Curieusement, cette cour des miracles

51

se tenait à l'enseigne de « Haizhu, matériaux métalliques, biens en tous genres ». À l'intérieur en revanche, la licence, affichée selon la loi, ne citait que les « matériaux métalliques » – ce commerce enfreignait donc sa patente.

Une autre bizarrerie se dénotait au moment des repas : le personnel pléthorique disparaissait alors pour aller dévorer ses bénéfices dans les restaurants des alentours. Le magasin restait sans gardiens deux bonnes heures et pourtant, aucun voleur, en son bon sens, n'osa jamais s'y aventurer pour chaparder quoi que ce soit. Quel pouvait donc être ce commerce si bizarre, et qui étaient ses vendeurs ? Ils étaient à la fois les gendarmes et les voleurs : la « police auxiliaire », qui confisquait à tour de bras le stock des camelots en infraction et le revendait pour son propre compte.

Au début, ils agissaient pudiquement et avec un semblant de légitimité : il fallait bien enrayer le trafic de milliers de vendeurs à la tire, faisant du tort aux commerçants légitimes. Pour autant, il eût été immoral de détruire cette marchandise dont le seul défaut était l'absence de licence : quel mal y avait-il à l'écouler pour améliorer la cantine des auxiliaires ? On cachait donc le trafic, déchargeant les camions saisis à cinq cents mètres de distance, pour les transborder au magasin par le tricycle d'un pépé ravi de l'aubaine.

Mais depuis février, plus de décence, à mesure que les appétits croissaient : jusqu'à six camions par jour se mirent à décharger une marchandise toujours plus chère ; assurés de leur impunité, les semi-flics mordaient à l'appât du gain !

C'était l'échange inégal, où les commerçants achetaient et les pandores vendaient : *nán jiē dǎ gǔ běi jiē wǔ*, « La rue du Sud bat les tambours et c'est celle du Nord qui danse » ! Mais voilà le petit grain de sable de l'histoire en marche : pour la première fois, la presse locale a parlé !   14 juillet 2003

贻笑大方

yí   xiào   dà   fāng

«La risée de ses pairs»
ou L'honneur perdu du professeur Liu

Chercheur réputé à l'Institut de médecine traditionnelle de Haidian (Pékin), le professeur Liu Yingquan perdit honneur, liberté et fortune quand il fut condamné à mort comme trafiquant de stupéfiants en octobre 2001. Responsable national d'un programme de sevrage des toxicomanes, Liu avait recomposé, puis produit la molécule de la méthadone, opiacé de synthèse toléré en Occident mais interdit en Chine. En deux ans, avec une complice, il avait écoulé soixante-dix mille pilules.

Le sexagénaire quitta le droit chemin sous l'étoile noire du démon de midi. Pour loger et satisfaire son amante, l'ensorcelante Mlle Zhang, il avait dû acheter un nid d'amour et s'astreindre à de ruineuses dépenses clandestines.

Puis il y avait eu le «syndrome des cinquante-neuf ans», effet pervers de la loi socialiste. Le jour de la retraite, le cadre doit tout rendre au Parti – limousine, personnel et bel appartement. Aussi, quelques mois avant la date fatidique, bon nombre d'apparatchiks commettent une lourde fraude pour s'assurer de quoi conserver leur train de vie. Mal préparé et vite repéré, ce délit cause chaque année la fracassante condamnation de centaines de vieux « camarades ».

Dans sa cellule, Liu fut intarissable de remords : « Comment ai-je pu trahir ma femme et mes deux filles et devenir *yí xiào dà fāng*, la risée de mes pairs ? »

L'exemple ne porta pas. En juin 2003, Zheng Fuxing fut exécuté d'une balle dans la tempe. Directeur d'un laboratoire du Fujian, il s'était mis à produire de l'extasy. Sur le terrain d'exécution, devant la foule, Zheng fut éliminé avec vingt-six autres trafiquants : c'était la grinçante participation de la Chine populaire à la sixième Journée mondiale contre la drogue !

NB : Contre les paradis artificiels, la Chine perd la bataille. 2002 vit l'arrestation de quatre-vingt-dix mille trafiquants et d'un million de drogués, soit + 11 %, et la capture de 9,3 tonnes d'héroïne, 1,2 tonne d'opium, 320 kg d'*ice* et trois millions de pilules de méta-amphétamines. Les volumes réels, non saisis, étaient estimés à dix fois plus. En 2002 apparurent en Chine les filières des Russes et des Ouzbeks (on connaissait déjà celles des Birmans et des Pakistanais) et des drogues jusqu'alors inconnues comme le « champignon magique », la marijuana (1,3 kg saisi) ou la kétamine. Enfin, l'overdose chinoise fait déjà vingt-cinq mille morts par an – chiffre lui aussi très en dessous de la réalité, faute d'une déclaration véridique par les cadres provinciaux, qui seraient sanctionnés s'ils disaient la vérité. Telle est la clé du problème : pas de solution à la drogue sans dialogue social, c'est-à-dire sans démocratie.

5 novembre 2001

上楼去梯

shàng   *lóu*   *qù*   *tī*

« Monter sur le toit,
puis retirer l'échelle »
ou **Vertige au sommet de la gloire**

Le ciel était noir au-dessus du rapide Kunming-Wuhan, ce matin de novembre 2002 : temps prédestiné pour l'arrestation, lors d'une fouille de routine, de deux voyageurs chargés de deux kilos d'héroïne. Magnifique victoire pour la brigade des stup ; hélas, trois semaines après, le sentiment vira à la consternation, quand on découvrit que le chef était Zhou Kun, l'as de la profession, flic d'élite qui avait à son actif l'arrestation de plus de mille trafiquants et la saisie de cinquante kilos de poudre blanche. Pour sa bravoure, en l'an 2000, Zhou Kun avait été décoré de la médaille de « meilleur policier de la République » ! Le gros bonnet de la drogue ne pouvait pas être lui !

Mais les preuves étaient là, têtues : tous les quinze jours depuis août, Zhou avait envoyé ses hommes à Ruili (Yunnan) pour acheter de la « schnouf » birmane, dix kilos au total. Ils voyageaient en uniforme, en voiture de service, avec leur gyrophare inviolable : coupable comme l'enfer, à trente-cinq ans, le héros avait craqué et chuté dans le camp de ceux qu'il traquait !

Mais pourquoi ? Le profit médiocre – un petit million de yuans – ne justifiait pas une aventure aussi dangereuse. On découvrit que la pègre avait fini par user ses nerfs par ses tentatives répétées d'assassinat contre lui, la cinquième en particulier : la peur vibrait dans ses vertèbres depuis la destruction de sa maison par une bombe en 2001.

D'autre part, Zhou n'avait pas eu le temps de changer, comme promis, le poêle à charbon de ses parents. Ils avaient été asphyxiés, et il n'avait même pas pu leur rendre visite à l'hôpital, agonisants : fragilisé, il ne se pardonnait pas son impiété filiale, qui cadrait mal avec son image de superman.

Et puis en 2001, il s'était fait pincer, ayant caché 150 000 yuans qu'il avait confisqués à une bande. Il s'en était justifié : il voulait s'en servir comme caisse noire pour son équipe. L'explication avait passé, mais insensiblement, à fréquenter les rats, Zhou attrapait leur vermine – il devenait « ripou » !

Enfin, comme bien des Chinois, Zhou était joueur invétéré et prenait toujours plus de risques pour infiltrer ses adversaires. Entre les deux mondes, la frontière devenait de plus en plus diaphane. Un jour, loin de ses bases, ils le piégèrent et lui firent du chantage : travailler avec eux ou mourir. C'est ce qu'on appelle, en Chine, *shàng lóu qù tī*, « faire monter sur le toit, puis retirer l'échelle ».

À présent, Zhou Kun attend son verdict. Il fut longtemps payé pour savoir que celui-ci ne peut être que la mort. Pour préserver l'essentiel, il a coopéré, mouillant huit ex-collègues, dans l'espoir d'amollir les dures meules de la justice chinoise : la perpète vaut mieux que rien, et tant qu'il y a de la vie, il y a de l'espoir !

30 juin 2003

坐 收 渔 利

zuò   shōu   yú   lì

« S'asseoir au bord de l'eau pour taxer les pêcheurs »
ou **Le gabelou, misère du monde**

À Pékin, les chiens et les bicyclettes en règle portent une plaque, en sautoir ou sous le guidon. Or l'examen, même superficiel, dans tout parking et dans les parcs durant la promenade vespérale, aboutit à cette évidence flagrante : les propriétaires de vélos et de toutous payant leur taxe sont en minorité !

La statistique le confirme : seuls 12 % des dix millions de citadins disposant d'une petite reine se donnent la peine de régler les 5 yuans de taxe annuelle, tandis que les deux tiers des quatre cent mille canophiles s'acquittent des 5 000 yuans pour légaliser leur compagnon.

Contradiction bizarre : plus la taxe est chère, et plus on la paie ! Non revalorisée depuis Mao, la taxe vélocipède est si dérisoire que les gabelous ne se donnent pas la peine de la percevoir. L'usager, de son côté, refuse de la payer, faute d'y percevoir le moindre avantage. Le vélo est aujourd'hui systématiquement lésé au profit de la voiture – qui rapporte, elle : les pistes cyclables ont diminué de moitié, tout comme le nombre des deux-roues depuis dix ans.

Si la taxe canine est prise plus au sérieux, c'est qu'un tiers des maîtres angoissent à l'idée de voir leur bête euthanasiée [1].

L'incivisme fiscal s'étend à l'impôt. Ils ne sont que des centaines de milliers de Pékinois à le payer, quoique la capitale compte quatre millions d'imposables, au salaire dépassant le seuil de 800 yuans par mois. Ici, le patron sous-déclare les salaires. Là, l'indépendant travaille en « sous-marin » ou use de son piston au Parti pour se faire rayer des listes : entre le fisc et la population, c'est la guerre.

Pour le chercheur universitaire, cette anarchie cupide exprime la méfiance du citoyen envers le fonctionnaire, dont il dénonce la cupidité et l'incompétence : pas question d'encourager les cadres dans leur vice atavique de *zuò shǒu yú lì,* « s'asseoir au bord de l'eau pour taxer les pêcheurs » !

Le scientifique met aussi en cause la qualité de la loi fiscale – la compétence du législateur. Instaurée en 1995, la taxe canine, par exemple, était censée réprimer la propriété de chiens, comportement que le Parti taxait d'esprit « bourgeois libéral » et déviant. Payée ou non, la taxe n'a pas empêché la capitale de voir quintupler en huit ans le nombre de ses « amis à quatre pattes », hébergés par des gens vieux, malades ou seuls : « Un tel principe de répression par la taxe ne peut aboutir, dit le professeur de droit. Une loi intelligente sera toujours respectée ! »

La mairie de Pékin semble avoir capté tardivement la sagesse du message : le 5 septembre 2003, par décret municipal, la taxe de chien fut amputée des quatre cinquièmes, les chiens d'aveugles étant entièrement exemptés.

16 juin 2003

---

1. En juillet 2003, tous les chiens furent exécutés dans vingt-trois villes du Guangdong, au plus fort d'une épizootie de rage.

卖　身　求　荣

mài　　*shēn*　　*qiú*　　*róng*

«Troquer son corps contre la fortune»
ou La femme monte au pinacle grâce à ses charmes

Après avoir été quarante-trois ans femme de tête, Jiang Yanping doit perdre la sienne, condamnée à mort par le tribunal intermédiaire de Changsha (Hunan) et son appel rejeté.

L'histoire de Jiang Yanping débute comme celle de bien d'autres Chinoises : celle d'une fille belle et volontaire, ayant tôt découvert son seul moyen pour quitter la misère : *mài shēn qiú róng*, «troquer son corps contre la fortune».

Dans les années 1970, par la séduction, Jiang avait vite échappé à son premier emploi de porchère au village, pour passer ouvrière rurale : c'était déjà une promotion inimaginable, sous ce régime où la classe ouvrière était la race des maîtres. Peu d'années plus tard, elle montait à Changsha, la capitale, dans un grand groupe public. Dans ce parcours du combattant en rose, elle passait dans le lit de tout nouveau patron.

Au fil des décennies, mais toujours plus vite que tout autre, elle devint secrétaire du Parti, puis vice-directeur de son Consortium provincial d'ingénierie architecturale – un des plus grands groupes industriels du Hunan –, avant de se faire détecter comme «espoir du Parti». Consécration, elle fut appelée à Pékin comme étudiante à l'École centrale du Parti : belle revanche, pour une bergère analphabète !

À son retour, elle coucha sur la liste de ses intimes Chen Zuogui, le vice-directeur de la commission hunanaise au Plan : ils se dévoilèrent respectivement les futurs contrats publics et ses charmes. Dès lors membre du club très fermé des décideurs financiers, avec son chevalier véreux, elle collectionna contrats et bakchichs.

Comme tant d'autres, Jiang Yanping aurait pu devenir une Rockfeller, si elle n'avait été femme et n'avait trouvé sur son chemin un justicier résolu à la confondre. Ce cadre à la retraite constitua sur elle un dossier accablant qu'il dupliqua et envoya partout. Rien n'eut prise sur lui pour le faire taire, ni l'argent ni l'amour (à quatre-vingt-six ans, le démon de midi était loin derrière lui), ni les trois maladroites tentatives d'assassinat qu'elle ourdit contre lui, qui ne firent que la précipiter au cachot…

De sa cellule, Jiang lutta comme une tigresse. Elle sut encore séduire le directeur de la prison qui laissa porte ouverte à son avocat (contre le règlement) et lui procura même un portable. À l'audience, elle se défendit en lionne, loin de la lâcheté de cet univers : «Dans un système où les hommes tiennent le pouvoir, fit-elle, les femmes intelligentes sont celles capables de les exploiter.» C'est sûrement cette phrase, plus que les trois millions de yuans détournés, que le régime ne peut lui pardonner !

8 avril 2002

狼狈为奸

láng　　　*bèi*　　　*wéi*　　　*jiān*

« La collusion du loup
et du chacal »
ou La police et la pègre
couchent ensemble

Dégoûté de sa paie minable et des vapeurs délétères qui lentement mais sûrement lui brûlaient les poumons, Yao Zhihong avait quitté son usine chimique de Shaoyang (Hunan) pour ouvrir un mont-de-piété, dont la Chine vit par ailleurs des milliers de naissances depuis les années 1980.

Pratiquant le prêt usuraire sur des biens aussi variés qu'un bijou ou qu'une voiture, l'activité permet de relayer les banques d'État mal gérées, endettées, qui ne prêtaient, jusqu'à la fin du siècle, qu'aux entreprises publiques et aux copains membres du Parti. Les emprunteurs sont de toutes origines, mais comptent beaucoup de PME privées en mal de cash pour payer un contrat ou simplement leur personnel…

Les affaires prospérant, Yao avait élargi son commerce à la très lucrative «protection» de ses concitoyens, puis aux paris, à la prostitution, au kidnapping et aux exécutions – celles des mauvais payeurs et les «jobs» sur contrat.

À son apogée, il avait accumulé un patrimoine de quelques dizaines de millions de yuans. Mais la justice et le droit veillaient, poursuivant le crime. Dans le plus grand secret, Jiang Jianguo, secrétaire du Parti à Shaoyang, monta une action de *Blitz* pour décapiter la bande. Le 6 juin 2002, deux cents policiers d'élite armés jusqu'aux dents investissaient par tous les bords l'hôtel trois-étoiles où le tour (boss) célébrait le premier anniversaire de son héritier.

Que les assaillants, sur place, découvrent lieutenants et protégés du parrain, n'a pas surpris. Mais rude fut leur déconvenue en découvrant, dans la salle de bal, ripaillant avec les trente-trois gangsters, pas moins de quarante-trois apparatchiks, banquiers, chefs de voirie ou des taxes, tous les notables arrosés par le *lǎo dà* («vieux-grand», c'est-à-dire le parrain), en échange de leur silence bienveillant… Ces liaisons dangereuses entre fonctionnaires et bandits reviennent si fréquemment dans l'histoire qu'elles portent un nom de fable : *láng bèi wéi jiān,* «la collusion du loup et du chacal».

Suspendus dans l'heure, les cadres indélicats se sont vu offrir par l'incorruptible secrétaire le choix entre passer à des aveux complets (et dénoncer leurs complices) ou passer devant la loi dans toute sa rigueur. Ce qui, le plus souvent en Chine, ne veut, en vérité, pas dire grand-chose…

24 juin 2002

上有政策下有对策

shàng yŏu zhèng cè xià yŏu duì cè

«En haut, les consignes, en bas, la démerde!»
ou Tous unis… contre la loi!

Après cinquante ans de repli sur soi, la capitale olympique de 2008, Pékin, voit soudain menacées ses petites habitudes malséantes mais si confortables. Shanghai subit le même sort, confrontée au grand rendez-vous de son Exposition universelle de 2010. Afin de policer ses métropoles, le régime fait pleuvoir les interdictions: défense de cracher, d'étendre son linge aux fenêtres, d'élever des pigeons à la maison, de proférer des jurons comme «*tā mā de*[1]», de se promener l'été en enroulant son T-shirt en boudin autour d'aisselles pâles et graisseuses, ou de jeter sur le trottoir ses peaux de mandarine…

D'un ton comminatoire, le directeur de l'Hygiène pékinoise, Jin Dapeng, résume cette campagne d'un slogan paternel: «Plus vous serez propres, plus vous aimerez votre

---

1. «Putain de sa mère».

existence et plus haut vous lancerez la Chine dans sa trajectoire de modernisation ! »

Un interdit spécial va aux « stickers » sur les poteaux télégraphiques, petites annonces privées, qui pour retrouver son chat, qui pour offrir des cours de *èr hú* (violon à deux cordes). À la décharge des représentants de la loi, il faut dire que ces affichettes sont aussi l'outil d'une pègre faisant commerce de faux diplômes, dont six cent mille étaient dénombrés en 2001 (cime de l'iceberg), tous mis à profit pour usurper un emploi qualifié. Sur l'annonce, le faux diplômeur permet de le contacter par téléphone portable – qui, en Chine, est pratiquement impossible à localiser.

Gendarmes et truands rivalisent d'imagination pour gagner cette guerre. À Hangzhou (Zhejiang), en février 2003, le chef de la police crut avoir porté l'estocade, en employant un ingénieux gadget de télécommunication : chaque fois que le trafiquant ouvrait son GSM, il entendait en boucle cette voix féminine désincarnée : « Bip… Vous avez violé la loi… Bip… Rendez-vous immédiatement (vous êtes cerné) au poste de police (l'adresse suivait), afin de recevoir votre juste châtiment ! »

Il ne fallut pourtant que peu de semaines pour que n'apparaisse la parade, à Pékin cette fois : un beau matin, le commissaire trouva collée à la porte de son bureau l'affichette qu'il traquait depuis des semaines. Une adresse de contact figurait : la sienne et son numéro de GSM en prime. Son portable se mit à vibrer à toute heure, sous les commandes de diplômés marrons.

C'était un bon exemple d'autodéfense populaire à la chinoise, explicitée par le proverbe immortel : *shàng yǒu zhèng cè, xià yǒu duì cè*, « Au sommet, l'encadrement ; à la base, le système D ! »

31 mars 2003

劫富济贫

jié   *fu*   *jì*   *pín*

« Dépouiller les riches pour aider les pauvres »
ou L'égalitarisme, oui, mais pas devant la mort !

Cette fable se passe à Shangyu (Zhejiang), sept cent quatre-vingt mille âmes entre rizières, canaux, autoroute et Yangzi, au dynamisme le plus affirmé du pays. Le communisme des années 1950 oublia – comme toutes les provinces côtières méridionales – le Zhejiang, qui put ainsi croître à sa guise. Dans sa liberté relative, le Zhejiang put conserver ses superstitions.

Sentant la mort venir, Zhu, secrétaire du Parti, se fit bâtir un mausolée de marbre au flanc d'une colline aux pins rarissimes, avec vue sur la mer et *fēng shuǐ*[1] vibrant d'éternité. Le camarade Zhu ne regarda pas à la dépense : un million de yuans, taxés aux corporations locales, en échange de passe-droits.

Zhu paya d'avance des funérailles mémorables, pour 480 000 yuans sur catalogue,

---

1. Voir note sur le *fēng shuǐ* dans « Au lit conjugal, la cadette relaie l'aînée », p. 20.

comprenant la réquisition d'écoles pour leurs chœurs d'enfants pleurnicheurs, la location de dizaines de Mercedes et Cadillac noir d'ébène, un gargantuesque banquet de plusieurs jours, sans oublier les rites célébrés par le prieur taoïste le plus prisé de la province. Si l'on admet que perdre sa vie est sombrer en grande misère, le camarade Zhu venait de *jié fù jì pín*, «dépouiller les riches au profit du pauvre», c'est-à-dire lui-même !

Il le fit impunément : une fois enterré, le camarade Zhu n'était plus passible d'une action judiciaire. De même, le régime n'irait pas troubler son repos en l'expulsant du mausolée – en Chine, on a le respect des morts, surtout communistes. C'était donc le crime parfait.

À la même époque, le tribunal de Qiu (Hebei), pour lutter contre la corruption, eut l'idée de faire imprimer un jeu de cartes où chaque couleur symboliserait un délit (carreau = délit boursier ; trèfle = spéculation ; pique = crime de sang ; cœur = prostitution et mœurs). Chaque personnage porterait le nom d'un officiel épinglé sous ce chef d'accusation, ainsi que sa caricature.

Le succès fut immédiat. Les vendeurs furent assiégés de demandes. Les magistrats auteurs obtinrent un brevet national pour ce jeu, qui fut cent fois piraté et réimprimé. Mais ils constatèrent vite l'absence d'effet de leur invention sur l'univers du vice. Trop de grands corrompus se rendirent au tribunal pour se plaindre d'être placés trop bas dans leur couleur. Que fallait-il répondre au cavalier de bourse qui voulait être roi, au roi des bordels qui rêvait de passer à l'as ? Sans honte, ces personnages, le gratin du pouvoir local, y allaient de leurs petites enveloppes rouges remplies de gros billets, pour monter en grade dans la prochaine édition… Comme quoi, en Chine comme ailleurs, l'enfer est dans les détails !

25 février 2002

釜底游鱼

fǔ　　*dǐ*　　*yóu*　　*yú*

« Au fond du pot,
le poisson nage »
ou **Son sort est scellé**

À Hepu (Guangxi), Zhang Yaochun se bat pour rétablir son honneur, après avoir été limogée ignominieusement deux ans plus tôt – pour avoir fait son devoir !

Républicaine, Zhang croyait au progrès. Elle avait commencé comme institutrice, métier pauvre mais qui lui permettait de former les générations futures.

En 1995, elle entra dans la police. La désillusion fut amère : payés mal et en retard par l'administration incompétente de cette province arriérée, les policiers se servaient sur la bête.

Comme ses collègues, à l'instar de toutes les administrations locales, abusaient à qui mieux mieux, s'acoquinant avec la mafia et s'adonnant à toutes sortes de trafics, finit un beau matin de juin 1998 par advenir l'inévitable : par dizaines débarquèrent les inspecteurs de la Commission centrale de vérification de la discipline. Ils saisirent tous les livres, épluchèrent tous les comptes et firent appel à la délation pour rassembler des preuves.

Alors, contrainte de faire son choix, Zhang Yaochun commit la faute de sa vie : elle n'hésita pas à tout « balancer » – trafics d'armes et de drogue, paris clandestins et poules de luxe entretenues sur les fonds des contribuables.

En conséquence de son action, quelques fauteurs furent en effet épinglés, punis – sur le papier. Mais il fallut bien que les limiers pékinois repartent un jour, leur mission accomplie. Zhang « la moucharde » fut alors mise au ban, quotidiennement soumises aux insultes de vive voix et menacée de morts imaginatives, par coups de téléphone et lettres anonymes.

Son agonie policière dura trois ans, durant lesquels on ne lui confia plus aucune mission, pas même (surtout pas !) l'usage des tampons du service… Dès lors, son sort semblait aussi scellé que celui du poisson du proverbe, *fǔ dǐ yóu yú* (« au fond de la marmite, le poisson nage »). Enfin, en juillet 2001, criblée de vexations et blâmes plus ou moins fondés (retards au travail, pertes de documents, chaussures pas cirées, impolitesse), elle fut expulsée avec opprobre du cadre de la police.

Depuis, ses multiples plaintes administratives attirent davantage l'attention de la presse que celles de la justice, taupe endormie de toutes ses forces. Car, pour tous les corps de l'administration, au crime d'être « mouton », il n'est qu'une circonstance aggravante, si possible : celle d'être femme !

23 avril 2001

狐假虎威

hú   jiǎ   hǔ   wēi

« Le renard exploite
la force du tigre »
ou **Flics et capitalistes, tous pour un !**

On râle beaucoup en Chine. À tort ou à raison, mais jamais sans fondement, vu les abus des cadres. Derrière la loi monolithique et jalouse se cache, non un géant anonyme genre Big Brother de George Orwell, mais une nébuleuse de « petits frères » barons rouges de province, qui s'entraident pour piller les richesses du pays, tout en se prêtant assistance mutuelle contre tous les gêneurs : démocrates, rivaux, journalistes.

Après vingt ans de modernisation, ce trait constant du socialisme (la fameuse discipline de Parti) vit son plus grand défi. L'arbitraire passe du domaine idéologique à l'économique, alors qu'en même temps émerge une nouvelle classe d'hommes et femmes jeunes, sans préjugés, éduqués et capables de se défendre.

De ce mécanisme, un excellent exemple se trouve à Wuhan (Hubei), poumon industriel du centre du pays : ses sept millions de consommateurs s'émeuvent de la nouvelle

forme de dictature du prolétariat : la collusion entre le commissaire de police et le patron du groupe de distribution, contre les petits commerçants !

En janvier 2003, le commissaire de Wuchang, quartier de Wuhan, accepta le poste de PDG, adjoint d'un centre commercial d'Oudaya – chaîne spécialiste de l'aménagement du foyer.

L'arrangement provoqua l'émeute de centaines d'échoppiers. Par son entrée dans la direction du supermarché, le commissaire détournait des rayons les pickpockets et voleurs à la tire, découragés par ce patron doté de menottes, cachots et sbires cruels. Les mauvais fournisseurs et mauvais payeurs amendèrent leurs manières et les gangs de racket passèrent leur chemin. Tous préférèrent se rabattre vers la piétaille des PME. Contre les tares de sa société mutante, le grand commerce avait trouvé la protection absolue. Le profit était double : même les voleurs travaillaient pour Oudaya, en ruinant les PME pour accélérer la concentration du marché !

La polémique fit donc rage dans la presse. Les artisans accusèrent le policier de gabegie : ce mi-temps privé était incompatible avec le service public… « Mais non ! objecta le grand flic qui riait jusqu'aux larmes. J'exerce ce mandat à titre gracieux. » Joignant l'insulte au crime, il ajouta un couplet sur la « noblesse » de sa mission altruiste de « stabilité publique ». De plus, par ses impôts de première catégorie, Oudaya serait un des piliers de la mairie et mériterait la faveur des policiers – autant pour l'égalité devant la loi !

Enfin, comme les importuns refusaient d'entendre raison, la censure fit son travail : on ne parla plus de l'embarrassante affaire. Les PME se vengèrent en répétant à travers la ville le proverbe *hú jiǎ hǔ wēi* : « le renard (Oudaya) s'appuie sur le tigre (le commissaire) », pour mieux croquer la volaille du petit commerce !

14 avril 2003

III

«Le grand-père du ciel»
Nature, environnement

老天爺

lǎo　　*tiān*　　*yé*

越俎代庖

yuè　　*zǔ*　　*dài*　　*páo*

« Quitter le temple pour remplacer le cuisinier [1] »
ou À chacun son métier !

Plaignons les gouverneurs et secrétaires du Parti des provinces pauvres, contraints en permanence d'émettre des recettes pour faire décoller leur région, sans remettre en cause la sacro-sainte idéologie. Si la recette échoue invariablement, c'est qu'il n'y a pas de solution miracle : historiquement handicapé par son enclavement et par une population beaucoup trop lourde (fruit d'une explosion démographique voulue par Mao trente ans plus tôt), l'intérieur chinois voit toute tentative pour l'arracher à son arriération, mise en échec par les œillères de l'appareil, qui peut être de bonne volonté, mais ne parvient pas à suivre la complexité du monde réel.

Parmi ces initiatives, le Shanxi – province de falaises jaunes ravinées, parmi les plus polluées et érodées du pays – décida en 1999

---

1. Autre traduction : « Renverser la planche à découper (dans son impatience) pour remplacer le cuisinier. »

de porter son agriculture au premier rang technologique du pays. Taiyuan, sa capitale, ordonna au canton de Jiang de se convertir en phare vert de la province, sous la forme d'un parc agronomique géant. Reproduisant une page du *Grand Bond en avant* (1958-1961)[1], 90 % des entreprises publiques de Jiang et 80 % de ses cadres reçurent la consigne de lancer leur «jardin scientifique» – aucune excuse ne serait admise !

L'aventure dura plus d'un an. Sans formation, cent vingt employés du bureau de la Construction restèrent cinq mois sans salaire et durent investir 1 000 yuans de leur épargne privée dans une serre d'aloès qui ne donna rien. Toutes les banques locales furent taxées de 20 000 yuans pour financer les projets. Cent quarante-deux jardins expérimentaux furent plantés entre novembre 1999 et décembre 2000, où poussèrent (mal) deux mille six cent quatre-vingt-sept végétaux, tous plus infects ou filandreux les uns que les autres. Pour tous ces cadres, ce fut un gâchis de plus, du travail supplémentaire et de l'argent jeté par les fenêtres.

Piteusement, le commissariat de police de Jiang présenta un concombre géant et incomestible, tout en proférant ces excuses désabusées : «Nous savons bien attraper les bandits, mais pas faire pousser les carottes. Il n'est jamais bon de *yuè zǔ dài páo*, "lâcher le service du culte pour aller remplacer le cuisinier" : à chacun son métier !»

Une fois l'échec prononcé, l'on enterra tout cela pour retourner à la routine d'antan. Pour le secrétaire du Parti et le

---

1. Alors, le paysannat avait été contraint de troquer ses méthodes traditionnelles pour des semailles denses et un labour profond. La méthode n'avait jamais été testée précédemment. Durant trois ans, les provinces reportèrent mensongèrement des récoltes miraculeuses, sous les ordres de leaders craignant pour leur avancement. Il en résulta une famine qui causa 30 à 80 millions de morts. Cf. Jasper Becker, *Hungry Ghosts,* Murray Editions.

gouverneur cependant, le but avait été atteint. L'objet réel de la campagne ridicule avait été pour eux de se faire remarquer à la veille du XVIe Congrès (novembre 2002) et de l'intronisation de la nouvelle équipe dirigeante sous le leadership de Hu Jintao (mars 2003). À cette occasion devait avoir lieu une valse nationale des cadres régionaux : ayant démontré leur sens de l'initiative, les responsables du Shanxi furent promus !

12 février 2001

天災人禍

tiān   zāi   rén   huò

«Désastres du ciel et catastrophes des hommes!»
ou L'enfer, c'est les hommes!

Sous une canicule de quarante degrés constants, une des calamités de l'été 2000 fut l'invasion des sauterelles. Venues d'Asie centrale, elles franchirent le Xinjiang. Rien ne les arrêta avant la mer, trois mille cinq cents kilomètres plus loin. Sur des millions d'hectares de désert du Gobi et de friches chauffées à blanc par le soleil intense, elles incubèrent leurs milliards d'œufs. Puis elles s'ébranlèrent par lourdes masses, obscurcissant le ciel sur la moitié nord du pays. Sur les dizaines de kilomètres qu'elles franchirent quotidiennement, elles détruisirent toute culture – quatre cent mille hectares de blé, maïs et sorgho sur les plaines centrales, trois millions quatre cent mille hectares sur la prairie mongole. Sur le mont Tianshan, leur densité fut recensée à cinq mille insectes au mètre carré de jaune ocellé de noir, emblavure grouillante de parasites…

Tout le pays se mobilisa. Au Xinjiang, le bureau des Rats et des Locustes lança une armée de sept cent mille poules et canards dressés à se jeter au coup de sifflet contre les crickets. Le canard fut de loin le mercenaire le plus coriace, capable d'engloutir quatre cents insectes par jour. Au mont Tianshan, ils convertirent en magrets cent millions de sauterelles…

Ailleurs, hommes et enfants firent des battues côte à côte et collectèrent les cigales aux baguettes dans leurs seaux qu'ils comblaient ensuite de chaux vive.

Moyennant des dizaines de millions de yuans, les régions les plus riches utilisèrent l'insecticide pulvérisé par avion, ainsi qu'un parasite naturel des cigales, le metarhizium, qui se loge dans le tract digestif de la bestiole et l'annihile. Seul inconvénient de ce moyen de défense : son prix, étant importé d'Angleterre.

Les experts et la presse reconnaissent l'origine du fléau. La sauterelle épargne la Chine du Sud, parce qu'elle est humide. Comme l'était celle du Nord vingt ans plus tôt. Suite au déboisement des haut et moyen cours et à la colonisation des lacs et prairies, l'assèchement du fleuve Jaune a transformé la Chine du Nord en zone aride. En dix ans, le territoire des grillons a quintuplé pour atteindre quatre millions sept cent mille hectares. La fréquence des invasions, de quinquennale, s'est faite triennale : ce désastre du ciel est *tiān zāi rén huò*, causé par les hommes – et cela ne fait que commencer !

17 août 2000

穷 山 恶 水

qióng   shān   è   shuǐ

« Montagne stérile
et eau délétère »
ou Le chameau salé, riposte de la nature

Simultanément en deux zones voisines, dans les déserts du Lop Nor (Taklamakan, Xinjiang) et de Gobi (Mongolie-Intérieure), une sous-espèce animale inconnue fut identifiée en Chine en 1999 par des expéditions chinoise et britannique. Les savants se divisent en deux camps : ceux qui croient à un mammifère si sauvage qu'il aurait résisté à toute découverte jusqu'alors, et les tenants d'une mutation récente, suite à la dégradation spectaculaire de la nature chinoise. Il s'agit d'un chameau capable de s'abreuver à des mares de saumure, ce qui lui a permis de survivre à l'environnement inclément des déserts.

Extérieurement semblable au domestique, le chameau « salé » s'avère légèrement plus poilu aux genoux et à ses bosses plus écartées. Au microscope électronique, sa chaîne ADN accuse 3 % de variation de chromosomes par rapport à l'espèce générique. Sans en avoir l'air, la différence est importante : entre homme et chimpanzé, espèces pourtant éloignées, l'écart génétique n'est que de 5 %.

Les biologistes partisans de la « découverte d'une espèce jusqu'alors cachée » sont formels : il s'agit bien d'un ancêtre de « notre » chameau ou d'une branche très anciennement dérivée. L'animal aurait échappé à la découverte, du fait de la fermeture du Lop Nor durant quarante et un ans, classé domaine militaire afin de permettre les tests nucléaires.

L'autre école, en face, est tout aussi sérieuse dans ses convictions : la ressource en eau n'a fait que baisser à travers les déserts de Gobi et du Taklamakan – comme à travers toute la Chine –, résultat d'une courbe exponentielle de population et de croissance économique aux dépens de la nappe aquifère. Confronté à ce défi biologique, s'adapter ou mourir, le chameau du Nor n'aurait mis qu'une vingtaine d'années et autant de générations pour parvenir à muter afin d'absorber la seule source d'eau qui lui reste, la saumure. Personne ne se risque à spéculer sur le rôle et l'influence, dans ce processus, des rayonnements résiduels des tirs nucléaires.

Paradoxalement, en plaçant cette immense zone sous domaine militaire, les techniciens de la bombe atomique auraient sauvé les vies de ce chameau salé et de toute une faune non chassée pendant cet intervalle. Le retour du Nor à la vie civile menace ce « paradis » en sursis : depuis 1996 et la promesse par l'État chinois de la fin des tests nucléaires, chasseurs et chercheurs d'or – gens frustes et sauvages – refont apparition et, pour se nourrir, piègent les chameaux à la mine.

À peine découvert, le chameau salé est en voie d'extinction : six cents seulement ont été dénombrés, moins que les pandas, qui ont sur lui l'avantage d'avoir été désignés entre-temps mascottes nationales !

12 février 2001

青山不老，绿水长存

qīng　shān　bù　lǎo　　lǜ　shuǐ　cháng　cún

« La montagne d'émeraude hors du temps, l'eau verte éternelle »
ou Le paradis terrestre menacé

Les temps se font âpres pour le serpent chinois, supposément aphrodisiaque, qui finit trop souvent dans l'alcool de riz ou en soupe, tandis que son sang se boit à part, avec gnôle de sorgho, bile et venin (remède contre l'impuissance sexuelle).

Rien qu'à Shenzhen, dix tonnes de cobras, couleuvres ou vipères se vendraient chaque jour – le chiffre englobe l'exportation clandestine vers Hong Kong et toute l'Asie. Avec le marché Xinyuan, Canton abrite peut-être le plus grand marché mondial des espèces menacées – de l'aigle royal aux singes primates, de la chauve-souris au sanglier –, au chiffre d'affaires annuel de cent millions d'euros.

L'an 2001 fut meurtrier pour l'ordre ophidien : le serpent étant l'animal totémique de l'année, l'on en mangeait à chaque occasion. Entre Pékin et Canton, les restaurants ne servirent plus, en plat du jour, que du *lóng hǔ dòu* («combat du dragon et du tigre»), soupe de serpent et de chat.

Lucide, le professeur Huang (Pékin) avertit: «C'est une catastrophe écologique.» Depuis août 2001, le feu rouge clignote pour les deux cent neuf espèces de serpents du pays, désormais toutes menacées.

L'attaque massive contre le serpent s'apparente à l'extermination des oiseaux durant la Révolution culturelle, avec les mêmes effets: sa disparition favorise la prolifération des rats. Dès maintenant, 10 % des récoltes, soit cinquante millions de tonnes disparaissent chaque année sous les dents des insectes et rongeurs. Une fois les prédateurs éradiqués, les pertes en grain exploseront: si demain, en Chine, le serpent ne devient pas le fruit défendu, après-demain le riz manquera!

NB: L'épidémie de pneumonie atypique (le SRAS) donna un regain d'espoir pour le serpent et les espèces rares: l'État annonça tout à trac que le virus était parti du pangolin, de la civette et du chien de prairie. Toutefois, ces espérances firent long feu. L'on cessa bien pendant quelques semaines de consommer ces bestioles, comme tout autre viande exotique. Mais pas pour longtemps: d'abord, l'affirmation du pouvoir fut contestée par la communauté scientifique mondiale, interdite d'entrer en Chine pour y conduire des recherches à la source du SRAS et qui soupçonnait (probablement à juste titre) l'État de détourner les soupçons loin des espèces socialement importantes comme le porc: s'il avait fallu abattre des dizaines de millions de bêtes, la catastrophe économique et écologique pour le monde rural aurait été insupportable. Le ministère de l'Agriculture avait donc désigné, comme vecteur du SRAS, les espèces qui le dérangeaient le moins. Ensuite, le SRAS disparut et «loin des yeux, loin du cœur»: en peu de jours, le massacre des bêtes sauvages a repris de plus belle.

5 février 2001

四海为家

sì   hǎi   wéi   jiā

« Avoir les quatre océans pour domicile »
ou Le voyageur des quatre mers

Dans l'univers des historiens des grandes découvertes, l'amiral Zheng He, eunuque de l'époque Ming qui fit sept longues courses entre 1405 et 1433 sans jamais céder au *xīn tíng duì qì* (mal du pays – « sangloter face à l'autel trop neuf »), est la gloire. À la tête de trente mille hommes, à bord de jonques géantes gréées et équipées d'instruments inconnus jusqu'alors, il se rendit à Ceylan et jusqu'au Mozambique, assurant durablement la maîtrise chinoise en navigation au long cours.

Ce qui suivit est incompréhensible pour un Occidental : après Zheng He, au lieu de partir à la conquête de la planète [1], la marine impériale disparut jusqu'à nos jours, où elle refait une timide apparition. D'un point de vue chinois, ce comportement est cependant naturel : les

---

1. La Chine disposait alors, en plus de sa marine, d'atouts stratégiques déterminants, telle la poudre à canon inventée dès le Xᵉ siècle, et le premier réservoir à soldats au monde.

dieux avaient donné à l'Empire Ming le « centre du monde », mais ce don comportait de lourdes responsabilités. La Chine devait rester dans ses frontières, rejeter toute technique impérialiste, toute logique de prédation et conserver l'ordre cosmogonique à la base de sa supériorité morale. Enfin, la maison Ming n'était pas monolithique sur ces thèmes : un empereur encouragea l'amiral, son fils le désavoua, l'ancrant à terre pour sept ans, et son petit-fils le laissa repartir pour sa dernière course – la dernière pour six siècles.

Aujourd'hui, un historien britannique amateur remet Zheng He sous les projecteurs : devant la Royal Geographical Society, Gavin Menzies, commandant de sous-marin en retraite, prétend que l'amiral aurait longé la côte africaine, doublé le cap de Bonne-Espérance, les Amériques, puis franchi le cap Horn et les quarantièmes rugissants pour compléter la première circumnavigation, un bon siècle avant Magellan. Lequel, à en croire Menzies, aurait suivi Zheng He à la trace, au moyen des cartes dressées par les géographes et astronomes à son bord. Les Occidentaux auraient aussi repris – cela est davantage démontré [1] – la boussole, le gouvernail et le gréement de Zheng He. Menzies affirme avoir collationné, en trente ans de bourlingue autour de la terre, des milliers d'objets, documents et témoignages prouvant le passage de la flotte chinoise antique autour des Amériques.

Tandis que la Société royale, dans le doute, attend les preuves pour valider cette extraordinaire théorie, les historiens chinois avouent ne rien trouver dans leurs archives. La prudence est de mise : si Menzies dit vrai, c'est toute l'histoire des grandes découvertes qu'il faudrait réécrire – Zheng He gagnerait universellement son surnom de *sì hǎi wéi jiā*, l'homme qui fit des quatre mers son foyer !

25 mars 2002

---

1. Voir Joseph Needham, *Science and Civilisation* in *China* (25 volumes).

空谷足音

kōng   *gǔ*   *zú*   *yīn*

«Bruits de pas
en une vallée déserte»
ou Les ancêtres oubliés

*« Quand tu vas aux champs
ne t'éloigne pas du chemin
afin de ne pas piétiner le songe
des ancêtres endormis »*

L'histoire qui suit rappelle irrésistiblement ces vers d'un poète de l'autre bout du monde, Atahualpa Yupanqi. Car la terre chinoise, comme celle d'Argentine, frémit des *kōng gǔ zú yīn*, «bruits de pas en une vallée déserte», des ancêtres oubliés cent millions d'années plus tôt.

À Zigong (Sichuan), le musée des *kōng lóng* (dinosaures) expose une centaine de squelettes en parfait état, répartis entre dix-huit sous-espèces inconnues dix ans plus tôt, tels le *Omeisaurus transfuensis* (vingt mètres de long pour dix de hauteur) ou le *Yangchuanosaurus hepingensis,* le plus grand carnivore d'Asie.

Zigong renferme des milliers d'animaux que les curateurs du musée se gardent d'exhumer, afin de maintenir ce patrimoine indemne pour les générations futures.

Aux antipodes du pays, Yixian (Liaoning) est un autre vivier d'espèces bizarres. Parmi ses couches du Crétacé inférieur, les paléontologues ont découvert un spécimen de dinosaure qui les a stupéfaits : mi-lézard, mi-lapin, daté à l'âge respectable de cent vingt-huit millions d'années. Cette exhumation force à réviser toutes notions sur l'espèce des Théropodes. En effet, ce petit dinosaure, de la classe des Oviraptors, avec ses dents de rongeur, était herbivore, alors que l'on croyait ces bipèdes carnassiers sans exception, à l'image de l'épouvantable *Tyrannosaurus rex.*

Les paléontologues pékinois ont fait le choix peu orthodoxe de dédier leur découverte – sans le prévenir – à Jacques Gauthier, leur collègue franco-américain de l'université de Yale qu'ils admiraient et étudiaient particulièrement. La nouvelle espèce répond ainsi au doux nom d'*Incisivosaurus gauthieri.* Discrètement, cette section de la science chinoise témoigne de l'absence chez elle de l'esprit cocardier – ailleurs omniprésent en Chine. Par cette dédicace, la paléontologie chinoise émet le souhait de se voir admettre comme membre à part entière de la recherche mondiale – c'est d'ailleurs en cours, avec les visites et offres de coopération des plus grandes écoles de cette discipline, à travers les cinq continents !

7 octobre 2002

避坑落井

bì   kēng   luò   jǐng

« Éviter le fossé, mais chuter dans le puits »
ou De Charybde en Scylla

Au fond des forêts montagneuses de Mongolie-Intérieure, les vingt mille Ewenki [1] d'Aoluguya se nourrissaient de la chasse au renne. Comme chez leurs frères Indiens d'Amérique, l'écorce de bouleau fut de toutes les errances des membres de la tribu nomade altaïque, drapant leurs canoës de leur vivant et leurs linceuls suspendus aux hêtres, une fois la mort venue.

Basée sur le lait et le pemmican, les chants folkloriques et le culte chamaniste des ours, une telle microculture d'Asie centrale ne pouvait que mourir face à l'arrivée de la civilisation moderne, de la vapeur, de l'électricité, de la productivité : au fil des ans, leur territoire de chasse déclina sous les coups de boutoir de nouveaux arrivants.

---

1. Ethnie présente en différentes zones arctiques, Russie notamment.

Dès 1965, les Ewenki (dont le nom signifie «peuplier en fleur» dans leur dialecte) avaient été chassés du district de Qugan sur les rives de la rivière Eerguno. Ils se replièrent sur l'élevage du renne dont ils cédaient les bois, très prisés en pharmacopée chinoise. Délogés par le défrichage, ils errèrent à travers les monts Daxingan, pour se retrouver acculés aux franges de marais sibériens infestés de moustiques.

Finalement, l'État leur a donné un secourable mais navrant espace de vie nouvelle. Il le fit par idéologie, pour prouver que la solidarité des peuples et ethnies de la nation n'est pas un vain mot. Mais dans son calcul entra aussi, bien sûr, l'envie de récupérer le territoire des Ewenki, pour un faire-valoir d'un rapport fabuleux par les temps qui courent – celui des grumes : les roitelets marxistes locaux n'y perdirent rien.

D'ici l'automne, à Hohhot la capitale provinciale, ces derniers des Mohicans chinois auront troqué leurs yourtes de cuir pour des huttes de briques et les chants des alouettes et des passe-reaux pour le vrombissement des marteaux-piqueurs et les voix suraiguës des chaînes de TV publiques en mandarin : avoir troqué les marécages pour les HLM, quand on avait ce paradis forestier pour empire d'origine, c'est vraiment *bì kēng luò jǐng*, éviter le fossé pour tomber dans le puits !

27 mai 2002

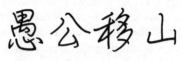

愚 公 移 山

yú　　　gōng　　　yí　　　shān

«Comment le vieux con déplaça la montagne»
ou **Le vieil âge remet le monde sur ses rails**

Mao fit connaître à l'Ouest la légende de Yugong [1] («le vieux con»), en la travestissant en fable socialiste. Ce patriarche vivait avec les siens enclavé par une haute montagne. Yugong décida de creuser une route et comme les villageois riaient de sa folie, il s'y mit seul. Fouaillant la roche de son pic jour après jour, il ne se laissa pas décourager par les ricanements et les lazzi.

Un jour, un des jeunes du clan, vaguement honteux, retroussa ses manches et prit la pioche : peu après, tous s'y mirent, perçant en peu d'années la saignée jusqu'à la plaine [2]. Le clan se retrouva riche d'une route, mais surtout – selon la pieuse hagiographie rouge

---

1. Issue d'un des livres de Zhuangzi, maître à penser de l'époque de Confucius et Mencius.
2. *Le Puits* de Lu Wenfu (éditions «littérature chinoise», Pékin, 1988) raconte une histoire similaire.

– de la conscience de l'union des masses, sous la sage direction du Parti.

Sans aller si loin que Yugong, la vieillesse d'aujourd'hui a conservé ce goût de l'abnégation et de l'action excentrique. Depuis l'âge de trois ans, Arabten Daorji est «Gegen», Bouddha vivant. Il n'a jamais quitté son monastère d'Uxinzhao (Mongolie-Intérieure), au bord du Muus, un des quatre déserts de cette province grande comme trois fois la France. De la secte des Gelubka (Bonnets jaunes), Uxinzhao avait connu son apogée à l'époque Ming (1368-1644), avec ses deux cent neuf stupas et les mille lamas qui maintenaient les réseaux d'irrigation autour des cultures et des forêts denses.

Initié par l'ère de la mécanisation, poursuivi par la Révolution culturelle et sa répression religieuse, l'exode rural s'accéléra sous Deng Xiaoping et Jiang Zemin à travers le pays, aspirant chaque année vers les villes cinq à dix millions de paysans… Tout concourut pour faire de Uxinzhao une bourgade fantôme et poussiéreuse, tandis que le Muus étirait chaque année ses langues de sable stérile de dizaines de mètres.

Daorji vécut jusqu'à cinquante et un ans sans rien faire, puis il entreprit de faire son propre *yú gōng yí shān,* déplacer son désert. Depuis lors, entre deux séances de prière, culte ou étude de sutras, il replante. Au début, les voisins, les bergers transhumants se gaussèrent ou l'ignorèrent gentiment.

Dix-sept ans après, les sarcasmes se sont éteints. Au printemps 2002, le bureau local des Forêts lui confia la réhabilitation de trois cents hectares de dunes. En huit mois, avec ses moinillons, il en replanta trente, avec cent quatre-vingt mille pieds de genêts. Du coup, attirés par les crédits publics, les éleveurs gonflent les rangs des nouveaux forestiers et ce, dans la lutte pour le sauvetage de leur terre natale !

9 décembre 2002

IV

« Le destin prédéterminé par le ciel »

Rites, religions, traditions, superstitions

tiān   *míng*

又要当婊子，又要立牌坊

yòu　yào　dāng　biǎo　zi　　yòu　yào　lì　pái　fāng

«Elle se veut putain de son vivant, veuve vertueuse après sa mort»
ou Le beurre et l'argent du beurre

Comme tout le monde, les Chinois peuvent vivre des conflits entre leurs valeurs morales. Mais par rapport aux autres habitants de la terre, leur dilemme se complique du fait de l'interdit qui pèse sur eux d'en exprimer les émois qui vont avec. C'est la célèbre pudeur chinoise dans l'expression des sentiments sous tout registre, sauf le rire. L'idéal de l'harmonie est dans le silence, et l'obscénité absolue réside dans les pleurs en public.

Pour cette raison, il est rigoureusement impossible d'identifier le sentiment exact de Mme Zhang, citoyenne nankinoise, entre les deux impératifs qui l'écartèlent, la piété due aux morts et la course à la fortune.

Quand son mari trépassa inopinément en juin 2001, elle aurait dû organiser les visites funéraires, recevoir les visiteurs porteurs de fleurs, fruits ou encens. Elle aurait pu ordonner un défilé en blanc et faire brûler dans un temple fausse monnaie ou modèles réduits d'ordinateur, de limousine, de maison, toute une «liste funéraire» en papier collé, qui peut même inclure une jolie poupée, tous objets destinés à agrémenter la solitude du cher disparu dans l'au-delà.

Au contraire, la veuve arrangea sans fifres ni tambours une crémation dont elle fut l'unique témoin, éploré ou non. À peine eut-elle signé le reçu du four municipal et réglé sa note qu'elle se précipita, son petit sac de cendres encore tièdes sous un bras et son héritage en cash sous l'autre, vers le plus proche centre d'échange de titres boursiers, pour sacrifier à son vice : Mme Zhang était une boursicoteuse impénitente.

Frustrés d'une digne et ultime célébration du disparu, proches et amis lui firent part de leur déception. Avec des trémolos dans la voix, elle leur expliqua qu'elle n'avait fait que se plier, malgré elle, aux dernières volontés du défunt, qui ne connaîtrait pas de repos tant que les siens ne seraient hors du besoin, grâce à la Bourse !

Pour certains, cette pauvre excuse ne fit que révéler l'hypocrisie d'une femme de mince vertu, prétendant concilier les inconciliables : *yòu yào dāng biǎo zi, yòu yào lì pái fāng,* «elle se veut putain de son vivant et veuve vertueuse après sa mort».

Mais pour d'autres, la rage du jeu dans un tel moment de détresse, après avoir perdu le compagnon de toujours, exprimait la vie et lui rendait ce que la veuve lui devait. Placer en bourse, c'était ruser pour défier la mort, manier le feu, forger l'existence. L'homme (la femme, plus exactement) était faible, mais disposait d'une force imbattable dans sa faiblesse : le don du jeu – la mort ne sait pas jouer.

Indécise, l'assemblée des parents et amis regagna ses pénates : intrigante ou sainte, Mme Zhang ? Impossible d'y voir clair, pour sûr !

2 juillet 2001

除旧布新

chú   *jiù*   *bù*   *xīn*

« Chasser le vieux pour proclamer le neuf »
ou **Le roi est mort, vive le roi !**

Fin janvier ou début février tombent les fêtes du Nouvel An lunaire. C'est le moment du *chú jiù bù xīn*, où l'on « chasse le vieux pour proclamer le neuf », sous un signe astral symbolique et animal – en 2002 le cheval, en 2003 la chèvre.

Au plan des affaires, à l'instar de Noël en Occident, on achète en grand. Encouragée par l'État, la quinzaine commerciale du quart de l'humanité assure le tiers des revenus des négoces, ballon d'oxygène de millions de petits marchands. Heure des cadeaux chers et prestigieux (fruits importés, billets de tombola, téléphone portable), qui vont à la famille, mais aussi aux amis et aux chefs, à ceux dont on attend une faveur, dont l'on est le redevable : la famille chinoise s'étend à la nation [1].

C'est le temps de la transhumance : dans les bus, trains, avions et caboteurs fluviaux ou

---

1. Voir « Un nom officiel pour parler correctement », p. 191.

côtiers, 1,7 milliard de passagers. Les tarifs du train vrombissent et gonflent de 15 à 35 %. Les bras chargés de présents, l'on retourne au village. Les jeunes riches eux aussi veulent bien voyager, mais plutôt vers le vaste monde, le vrai : ils sont déjà quelques centaines de milliers et, demain, des millions à s'envoler vers New York, Bangkok ou Paris.

C'est aussi l'époque où tout Chinois se veut «gentil». Les politiciens s'engagent à tenter plus qu'hier, d'œuvrer pour le bien-être des masses. Les unités de travail distribuent aux employés, dans la cour, les carpes frémissantes, les colis de gâteaux de Lune, d'œufs de cent ans, de vin jaune. La Chine vibre alors de bon esprit, d'interdépendance confucéenne, de l'esprit d'entraide qui constitue un des moteurs secrets de son dynamisme.

À cent kilomètres au nord de Pékin, dans les collines de Yunmengxia, Mᵐᵉ Chen a collé aux montants du portail les *chūnlián* (vœux de printemps), bandes de papier rouge de bon augure ; elle a préparé son repas – carpe étuvée, raviolis, pains vapeur, pommes, mandarines, noix… Dernier banquet poignant pour ce village qui se meurt : dans six mois, chargeant sur ses tracteurs les poutres, tuiles et outils, Yunmengxia déménagera vers un site moins aride et excentré.

La nuit fatidique, on ne se couche pas. À minuit, les pétards sont là pour écarter les goules, qui se repaissent des mortels nés sous le nouveau signe. Seul moyen d'échapper au mauvais sort : porter un fil rouge en ceinture à même la peau, ni vu ni connu, sous ses vêtements. Ces jours sont aussi ceux d'une série stricte d'interdictions : penser à la mort, parler d'argent, se laver les cheveux, laisser tomber ses baguettes à terre (signe de mort), balayer, cuisiner… Stratagème confucéen que chacun respecte avec un clin d'œil complice, un de ses fort raisonnables objectifs étant de permettre à la femme de se reposer !

11 février 2002

寿比南山，福如东海

shòu　bǐ　nán　shān　　fú　rú　dōng　hǎi

« Vieux comme les monts du Sud, heureux comme la mer de l'Est »
ou Le chant rend éternel

Confrontés au mystère de l'au-delà, les Chinois cherchent par tous les moyens à prolonger leur vie et briser l'ultime égalité sur cette planète entre riches et pauvres, animaux et humains : celle devant la mort. Privés (au moins officiellement) des secours de la religion [1], les leaders socialistes décatis se sont repliés sur une technique de jouvence facile, mais éprouvée : le sexe (ou ce qu'il en reste) avec des fillettes à peine nubiles. Une phrase célèbre du Timonier évoque de grossiers plaisirs avec des petites paysannes aux « puanteurs villageoises ». Ce qui ne l'empêcha de décéder à soixante-seize ans, score médiocre pour un homme capable de convoquer vingt-

---

1. Mais un témoin affirme connaître, dans les entrailles interdites du Grand Palais du peuple, un petit temple bouddhiste caché dans le bureau d'un vice-président de l'Assemblée nationale… Vrai ou faux ? Tout est possible en Chine socialiste, pourvu d'y respecter les formes !

quatre heures sur vingt-quatre les meilleurs médecins du monde, sans limitation de budget.

D'autres vieillards misent plus modestement sur les bains thermaux, les massages, toutes sortes de gymnastiques matinales, la médecine des herbes, l'acupuncture ou l'élevage de loriots dont l'on provoque le chant en couvrant la cage.

Avec l'étude que vient de produire l'Académie de médecine, la Chine compte une nouvelle corde à son arc d'immortalité. Le district de Bama (Guangxi) pose en effet une troublante énigme avec ses deux cent vingt mille habitants d'ethnie Zhuang dont soixante-quatorze centenaires, chiffre qui le place au cinquième rang mondial pour la longévité. Cette vertu locale est si célèbre qu'un centre de recherche a été créé pour en déterminer la source. La conclusion de Chen Jinchao, son directeur et auteur de l'étude, est déroutante : les vieux de Bama se maintiennent par le chant.

À cent douze ans, Huang Pusan avoue «préférer nettoyer son âme par la chanson, que la maison par le balai». À cent trois et cent cinq ans, les sœurs Huang ne sont pas lasses d'entonner les ritournelles de leur enfance. Tout en se rinçant le gosier au vin de riz ou à l'alcool de serpent, à concurrence d'«au moins deux coupes par jour».

Ping An, village de mille habitants, tient régulièrement ses concours de chant, fixés ou improvisés en duels aux thèmes aléatoires. «Cela maintient le cerveau en éveil et la santé mentale», conclut Chen, le directeur de l'Institut, qui cite aussi le festival hebdomadaire de Jia Zhuang, où mille visiteurs au minimum viennent écouter ou échanger des chansons, voire dix mille, en morte saison. L'instance la plus haute à Bama n'est bien sûr pas la cellule du Parti, mais la chorale, où n'entre pas qui veut. Parmi les cent trente-cinq sociétaires, quarante-quatre comptent plus de soixante et onze printemps. Ce qui leur permet d'entendre, à chaque anniversaire, le canon clanique les féliciter pour leur âge canonique : *shòu bǐ nán shān, fú rú dōng hǎi,* «une longévité à la hauteur des pics du Sud, un bonheur profond comme la mer de l'Est» !

10 juin 2002

粗茶淡饭
cū   chá   dàn   fàn

因噎废食
yīn   yè   fèi   shí

« Thé grossier, plats insipides »
« Jeûner par peur de s'étouffer »
ou **La gastronomie tuée par la cupidité**

Semaine d'agapes paysannes, la fête de la mi-automne (*zhongqiu*, le 21 septembre) marque le repos de la terre, la fin des récoltes, l'abattage du cochon sous la pleine lune et la rassurante certitude des réserves au grenier et au saloir.

C'est le moment de grignoter la *yuè bǐng*, « galette de Lune » ronde et dorée, tel l'astre de la fécondité, qui apparaît à cette époque en coffrets cadeaux luxueux, à des prix qui pourraient rivaliser, en hauteur, avec l'astre sélène.

Seulement voilà : plongé dans l'univers et les rythmes nouveaux de la ville, le Chinois a toujours plus de mal à retrouver son passé rural. À la mi-automne de 2001 avait éclaté à Nankin un douloureux scandale : une biscuiterie honorablement connue depuis quatre-vingt-six ans avait ressorti de ses congélateurs ses invendus de l'an d'avant, redorés au jaune d'œuf et repassés au four… Éventée par CCTV, la fraude avait fait grand bruit, touchant à un produit mythique, petite madeleine version chinoise.

Dans l'espoir d'éviter que la suspicion ne fasse tache d'huile, la répression des fraudes travailla dur la saison suivante, vérifiant des centaines d'ateliers et usines. Les pâtissiers de leur côté nettoyèrent devant leur porte… Mais le mal était fait : l'automne 2002 vit le client échaudé réduire d'un tiers ses achats de galettes : la Lune aux œufs d'or avait été tuée !

Un malheur ne venant jamais seul, un empoisonnement criminel eut lieu deux jours avant la fête : jaloux de son succès, Chen Zhengping [1], restaurateur à Tangshan (Jiangsu), teinta de mort-aux-rats le lait de soja et la pâte à beignets de son concurrent, causant trente-huit décès de clients de tous âges et statuts, aveuglément épinglés par la mort matinale – retraités, lycéens, militaires.

Au même moment sonnait le compte à rebours pour les mille restaurants de canards laqués de la capitale – l'une de ses grandes spécialités, appréciée pour sa peau croustillante enroulée dans une crêpe diaphane cuite à la vapeur, relevée de sauce noire et de brins d'oignons de printemps effilé. Les rôtisseries eurent un an pour troquer la braise de pommier au profit des flammes bleues du gaz ou des résistances électriques, désormais seuls moyens idéologiquement corrects de faire cuire la bouffe de la future capitale olympique, conformément à ses « aspirations » écologiques.

Tout cela promet aux masses gourmandes de la capitale un bien pauvre banquet pour sa fête d'automne : *cū chá dàn fàn*, « thé grossier, plats insipides » – piètre chère, qui incite le Chinois – chose rarissime – à *yīn yē fèi shí* : jeûner, plutôt que de s'étouffer !

16 septembre 2002

---

1. Il fut rattrapé deux jours plus tard, en fuite dans un train à sept cents kilomètres de sa ville et exécuté six semaines après.

一女不嫁二夫

yī　　nǚ　　bù　　jià　　èr　　fū

«Une femme ne peut épouser deux hommes!»
ou **Le mariage après la mort?**

Au moment de la mort se produit la fracture entre confucianisme et socialisme, division irréconciliable. Tandis que celui-ci proclame son athéisme absolu et attribue au hasard l'émergence de la vie sur terre, celui-là fait semblant de douter de l'existence d'autres mondes et ne s'efforce pas moins, en silence, de s'assurer un confort d'existence dans l'éternité.

Le jour du *qīngmíng* de l'an 2000 (fête de la Clarté limpide, équivalent de notre Toussaint), une famille citadine en visite au cimetière pour honorer son cher disparu fut soudain affolée par les bruits qui émanaient de la tombe voisine, fraîchement occupée. Plaquant l'oreille au marbre, le père crut entendre une voix, des musiques d'outre-tombe… Ils prirent d'abord leurs jambes à leur cou et puis, pensant à leur mort qu'ils ne pouvaient laisser dans ce désordre, alertèrent le gardien, qui les accompagna, avec ses outils.

Pour sûr, un bruit surgissait, intermittent, régulier comme des vagues… Il se mit à piocher. Bientôt, le cercueil fut ouvert : tout s'expliqua ! La famille du mort, pour rompre son ennui, lui avait laissé le poste à transistors. Quoique allumé en sourdine, ses piles s'étaient fatiguées et ne se «réveillaient» que par intermittence !

Le 23 avril de la même année, à Changping (Henan), la police arrêta au cimetière municipal trois individus en train d'exhumer le corps d'une jeune femme récemment trépassée de maladie. Au commissariat, les sans-emploi repoussèrent avec véhémence l'accusation de nécrophilie ou de pillage de tombes : ils exécutaient le contrat confié par un vieillard du village voisin, Lao Han.

Rudement convoqué, ce dernier leur expliqua son affaire : au crépuscule de son existence, la solitude lui était devenue si insupportable qu'il avait juré à ses ancêtres de réparer le tort qu'il leur faisait en ne se mariant pas. Il lui fallait donc une défunte à faire gésir à ses côtés le jour de sa propre inhumation. Il se sentait déjà un pied dans l'au-delà… «Ce n'était nullement profanation, assura le vieux aux limiers troublés, mais une action bonne, pour arracher à la froideur des siècles deux êtres si mal servis par le destin» – il épouserait la jeune morte dès son dernier soupir, parole d'honneur !

L'argumentation fut mal reçue. Les fossoyeurs pirates s'en tirèrent avec quinze jours de bloc. Eu égard à son grand âge, l'ancêtre fut laissé en liberté, mais dut pleurer la perte de son évanescente fiancée et subir les remontrances du commissaire : l'Ophélie était déjà mariée lors de son dernier souffle, et *yī nǚ bù jià èr fū*, «une femme ne peut épouser deux hommes» !

25 août 2000

落地无门

luò   dì   wú   mén

« Les morts ne sortent pas par la porte ! »
ou Des rites claniques résolument anachroniques

Le 17 février à l'aube, dans une de ces bourgades grasses et sans grâce de la banlieue de Canton, une *ah-ma* (femme de ménage) prenant son service chez sa patronne, au premier étage d'une ruelle au centre-ville, ne put que constater sa mort et celle de sa petite-fille – victimes d'un chauffe-eau défectueux.

Alertée, la police ne fit aucune difficulté pour permettre la levée des corps – l'accident était manifeste, banal dans ce pays encore peu exigeant en matière de sécurité. Le propriétaire commanda sans retard le corbillard – afin de récupérer son appartement tout en minimisant les racontars.

Le problème vint de la superstition – la sienne et celle des voisins. S'il avait fait descendre les mortes sur des civières, tablant sur l'effet de surprise, rien ne serait advenu. Mais l'homme croyait aux rites. Tacite mais souverain en cas de décès domestique, l'usage «*luò dì wú mén*» (descendre au sol, pas par la porte !) exigeait que seuls les morts de la famille gravissent le seuil (privilège exclusif de la lignée), sous peine de suites funestes pour le clan. Aux autres, comme ses malheureux locataires, il ne restait que la fenêtre. Il fit donc démonter celle-ci, ainsi que le grillage anti-fric-frac et installer une poulie de fortune.

L'encens fuma à profusion, sous les incantations geignardes des exorcistes convoquées en hâte et les timbres lancinants des gongs d'imploration. Les corps emballés furent descendus au bout du filin noué à leur ventre. En cours de descente, la bâche qui les cachait glissa – et des pieds blêmes apparurent.

Depuis la chaussée, des dizaines de badauds friands de drame, commencèrent à brailler. Pris à témoin, les policiers invoquèrent leur incompétence en ce domaine des choses des esprits pour ne pas se mêler de la scène qui les dépassait absolument…

Depuis quatre mois déjà, toute la province était en proie au SRAS, mal encore inconnu qui s'apprêtait à exploser à la face du monde. Mais en cette ruelle, la seule peur était celle des âmes mortes, dont tous les voisins s'opposaient avec détermination farouche à ce qu'elles empruntent la rue devant leur huis : le mauvais œil rôdait !

Pour attendrir les gens, il fallut rien moins qu'une dispendieuse distribution générale de *jī shǐ cǎo*, «fientes de poule» (*sic*), les seules plantes capables, une fois suspendues au mur autour des encadrures, de dissuader les démons vengeurs d'aller commettre dans les foyers leurs funestes ravages.

Ce n'est ainsi qu'une heure plus tard que les pauvres défuntes, s'étant mises en règle avec le monde des hommes en apaisant leurs angoisses ancestrales, purent enfin poursuivre leur dernier voyage à bord du corbillard…

15 mars 2003

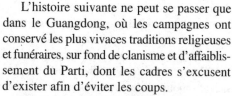

没 齿 不 忘

mò　　　chī　　　bú　　　wàng

« Il s'en rappellera, même quand il aura perdu ses dents ! »
ou Une raclée qu'on n'oubliera jamais

L'histoire suivante ne peut se passer que dans le Guangdong, où les campagnes ont conservé les plus vivaces traditions religieuses et funéraires, sur fond de clanisme et d'affaiblissement du Parti, dont les cadres s'excusent d'exister afin d'éviter les coups.

Par un beau lundi de février 2000, comme chaque année, s'ébranla la procession des gars de Hongyi dans leurs plus beaux atours, paradant parmi les statues de bois de leurs dieux séculaires, chamarrées d'or et de soie. Les pétards crépitèrent. Les cymbales tonnèrent. Fifres et mirlitons firent entendre leurs trilles nasillards. La fête battait son plein quand débarquèrent les photographes et journalistes : à peine la première photo prise, ils furent pris à partie, insultés, copieusement rossés et leurs appareils ouverts et fracassés.

Naïvement débarqués de la capitale, les reporters meuglèrent de pitoyables appels à l'aide, cherchèrent en vain le bras secourable de la police : elle brillait par son absence, quoiqu'elle fût parfaitement au courant de la fête, ayant multiplié au village, les jours précédents, les mises en demeure solennelles de mettre fin à ces pratiques obscurantistes.

Simple oubli des forces de l'ordre ? « Impossible, fit après la bataille ce témoin anonyme, *mò chǐ bú wàng,* ils ne pourraient pas oublier, même quand ils n'auront plus de dents. » Oublier quoi, au juste ? La manière dont les gendarmes avaient été reçus lors de la procession de 1999, se faisant corriger dans le même style humiliant tandis que leurs jeeps étaient incendiées, les forçant à regagner à pied, étrillés et boueux, leur quartier général.

Le tableau n'est pas sans analogie avec les corrections administrées par Astérix et ses amis aux soldats romains de corvée pour pacifier leur village gaulois. À cette petite différence près qu'en Chine, pays bien vivant, ce genre de scène n'appartient pas aux bandes dessinées, mais à la rue !

28 février 2000

祸从天降

huò　　cóng　　tiān　　jiàng

欲擒故纵

yù　　qín　　gù　　zòng

« Le désastre tombe du ciel ! »
« Retarder le moment
de frapper ! »
ou **Voler pour convoler**

En ce matin du 28 décembre à Shenyang (Liaoning), par un soleil glorieux, la mariée, en rouge, faisait l'accueil à la porte de la salle de bal de cet hôtel à étoiles. Tandis que sa mère réceptionnait discrètement les enveloppes écarlates [1] des cadeaux nuptiaux, elle saluait les invités, souriait de toutes ses dents étincelantes, tout en savourant les félicitations comme dans un rêve. En costume noir sur chemise blanche, son époux Qianwei distribuait cigarettes et verres de *Shàoxīng jiǔ* (vin jaune).

Soudain, *huò cóng tiān jiàng,* le désastre tomba du ciel, matérialisé par un commando de policiers qui surgirent par portes et fenêtres et embarquèrent Qianwei menotté : adieu noces, limousines noires, ballons de baudruche carmin flottant aux fenêtres et aux trois jours

---

1. La *hóng bāo*, enveloppe rouge, est le contenant traditionnel des cadeaux (ici, nuptiaux) en numéraire.

108

de banquets ! Les deux familles invitantes durent retourner chez elles avec, pour tout rouge, celui de la honte aux tempes !

Qianwei avait fait, comme on dit, une bêtise. Il n'était pas un truand endurci mais un employé au chômage. Tombé amoureux de la femme de sa vie, pour obtenir sa main, il avait menti à tous sur son état de fortune. Et pour se payer le mariage de classe sur lequel personne en Chine ne peut se permettre de faire l'impasse, il s'était fait – rien que pour cette fois, espérait-il vainement – monte-en-l'air : à l'aide d'une corde, d'un couteau et d'un faux revolver, il avait braqué nombre de foyers.

Assez rapidement, la police l'avait identifié – il avait été «donné» par la mafia. Capitale en crise, au cœur de la *rustbelt* (ceinture de rouille) des usines d'État ruinées du Nord-Est, Shenyang fourmille de ces gangsters en bandes, qui coopèrent avec la police et dénoncent les amateurs s'immisçant sur leur territoire.

Non sans machiavélisme, les forces de l'ordre avaient décidé, pour l'exemple, de *yù qín gù zòng*, «retarder le moment de frapper», et d'appréhender le coupable dans sa plus grande vulnérabilité – au paroxysme du désespoir, afin de faciliter les aveux en démantelant les défenses.

Cependant l'affaire fit du bruit. *Le Journal de la loi* (édition du Liaoning) trouva que si la police se devait d'arrêter l'homme, elle avait outrepassé ses droits en brisant sans nécessité l'existence d'une innocente jeune femme. Ici, un tabou rare nous est révélé, en cours de réémergence : en Chine postmaoïste, la «dictature du prolétariat» n'a plus la morale pour elle. Les noces, l'amour, le bonheur privé se remettent à participer d'un droit inaliénable – même par la police !

26 janvier 2003

席 不 暇 暖

xí   bù   xiá   nuǎn

« Sa couche
ne se réchauffe jamais »
ou **Pas une minute à soi !**

Le tournant de l'année est venu : le *chūnjié*, Nouvel An lunaire, où le cheval cède le pas à la chèvre. Temps des extravagances, où les nouveaux riches flambent leur argent dans des banquets exotiques dont la principale qualité semble tenir au fait que nul autre dans la ville n'ait eu le même, ni payé plus. Au sud, un restaurant s'est distingué dans l'insolite par une transgression morale futuriste.

Une table réputée de Changsha (Hunan) inscrivit à son menu deux plats aquatiques, l'un d'eau douce – la perche –, l'autre d'eau de mer – l'ormeau [1] –, mijotés dans le liquide matriciel que de tout temps, toute société à travers le monde s'est interdit d'employer en cuisine : le lait de femme. Le lait était celui de six nourrices, une fois leurs bébés rassasiés. En dépit des prix exorbitants, qui oscillaient

---

1. La célèbre « abalone » souvent importée (Australie, Mexique) à prix d'or.

entre des centaines et des milliers de yuans l'assiette, le Tout-Changsha voulut goûter ces plats qui choquaient la morale.

Le succès fut complet sauf pour le cuisinier, qui n'eut plus une minute de repos – *xí bù xiá nuǎn,* sa natte n'avait plus l'occasion de se réchauffer. Aussi fut-il au fond soulagé quand le gouvernement central, alerté par la presse, décréta (ou plutôt rappela) l'interdiction de cette trop nouvelle cuisine, version chinoise !

9 février 2003

V

«Les petits plaisirs» (Se faire du bien)
Jardins secrets
Arts, jouissance, gastronomie

找 樂 儿

zhǎo   *lè*   *'r*

本 命 年

běn   *mìng*   *nián*

«L'année de son signe!»
ou Conjurer son destin à la nage!

La *běn mìng nián*, année de son signe, n'est pas que celle où les esprits faibles se font dévorer par les démons. Elle est aussi celle où les âmes fortes franchissent des caps vers leur destin, surfant sur la vague du *qi*[1].

C'est littéralement ce que fait Zhang Jian, dont la ligne forte masque une condition et une bravoure hors du commun. De ses milliers d'heures en piscine, ce champion a conservé une curieuse habitude. Zhang se trouve être de l'année du Dragon, signe qui lui convient très bien, surtout s'il s'agit de sa version océane (style Loch Ness ou serpent de mer) : tous les douze ans, pour conjurer le destin, il s'offre, à la nage, la traversée jubilatoire d'un détroit de son pays.

En 1988, à vingt-quatre ans, partant de Qiongzhou, il franchit les vingt-six kilomètres

---

1. Comme le *fēng shuǐ* (voir note p. 20), le *qi* est une énergie «méridienne», au sens où tels les méridiens au travers du corps, le *qi* suit des routes capricieuses mais fort précises entre les individus, le ciel et la terre.

115

séparant le Guangdong de Hainan : ce fut une mise en jambes pour affronter en 2000 le détroit de Bohai, entre l'aiguille de Port-Arthur (Liaoning) et l'archipel mythique de Penglai (Shandong).

Cette épreuve-là était une tout autre paire de manches : il devait franchir cent vingt-trois kilomètres, accompagné d'une grosse barque à moteur lui assurant nourriture, boisson et sauvetage en cas d'urgence. En pénétrant ces eaux froides, même en été, le 8 août 2000 à midi, il fut repoussé par la houle qui le força d'emblée à crawler. Conquis en trois heures d'efforts, le premier kilomètre usa des forces qui manquèrent ensuite.

Quinze heures après, il connut le premier découragement : à l'heure où blanchit l'horizon, il eut à franchir des bancs de méduses et des zones infestées de requins.

Tard dans la seconde nuit, il dut découper, avec les ciseaux qu'on lui tendit, la fausse peau *high-tech* qui lui déchirait le derme des avant-bras et cuisses.

Enfin, proche de Penglai, des courants contraires lui firent perdre deux heures de surplace. Mais désormais, Zhang Jian était indomptable : ce contretemps n'était qu'un illusoire obstacle des démons pour tenter de lui voler la victoire : impavide, il mit pied à terre, après cinquante heures et vingt-deux minutes vécues dans l'élément liquide !

Le prochain défi de ce diable d'homme est déjà fixé : en 2012, pour ses quarante-huit ans, il veut franchir le détroit de Taiwan. La difficulté technique est différente. La distance est moindre (140 km), mais les vagues et courants plus forts. Et surtout, il faudra juguler le problème politique : obtenir le sauf-conduit de l'ex-Formose à travers ses eaux [1]. Ce qui devient envisageable : dès février 2003, Pékin et Taipei ont autorisé

---

1. Si tant est que Taiwan conserve son indépendance d'ici là, comme je le crois.

l'atterrissage de vols précurseurs réciproques. Et Zhang, symbole d'union et de courage, n'est pas du genre d'exemple que l'on souhaite décourager.

4 septembre 2000

同床异梦

tóng　　chuáng　　yì　　mèng

« Un lit, deux rêves »
ou **Amours sportives et éphémères**

Voici venu le jour de gloire, l'heure anxieusement adorée de la Coupe du monde de football. Toute la Chine vibre. Depuis dix ans, elle rêve de ballon rond, son nouveau sport fétiche qui draine des millions de licenciés du néant des villes ouvrières et fait naître des centaines de clubs à l'enthousiasme juvénile. Fiévreusement, la nation attend d'entrer dans la cour des grands. Miracle : la qualification est obtenue par Bora Milutinovic, l'entraîneur, qui devient la coqueluche nationale !

Un bonheur ne venant jamais seul, la Chine se paie son premier *Dallas* en vrai, tissu d'amour et de dollars sur fond de tabloïd et de gazon. La romance de *Milu et Lily* fait vendre la copie et battre les cœurs. Bora fréquente la belle Li Xiang, alias Lily, journaliste de vingt-neuf ans qu'il a sacrée grande prêtresse du ballon rond.

Tout a commencé l'été 2001, durant l'enfer des éliminatoires. Personne ne misait un *fen* sur le succès : les ténors de la presse sportive s'étaient donc défilés. Au *Journal de Canton*,

Lily, obscure jument de retour, avait été placée sur ce coup incertain. Elle rencontra Milu, dribbla les collègues pour botter en touche – dans son lit. Une fois la Chine qualifiée, elle fit de Bora la vedette – et réciproquement.

Grâce aux fracassantes révélations d'alcôve de son amant, Lily fit des scoops à tout va – même les joueurs vinrent lui demander s'ils étaient sélectionnés. Rachetée par *Sports Hebdo*, elle sortit alors son livre bien nommé, *Distance zéro*, qui connut un succès boosté par la présence de son beau Bora aux séances de signature.

En vain ses collègues la disqualifièrent en la traitant d'ignare, en dénonçant son jeu de jambes avec le Yougoslave. Par sa simplicité arrogante, la réponse de Lily fut digne de l'impératrice Ci Xi : « Les rumeurs, c'est comme des foulards : je les porte parce qu'elles me vont bien et parce que je peux les ôter quand je veux. »

Réalistes, Lily et Milu savaient bien que la fin venait : comme une autre (mais plus célèbre) équipe en lice, la Chine perdit d'affilée ses trois matches de huitième de finale et vit son rêve fracassé. Sachant reconnaître la fin d'une popularité, « Milu » boucla philosophiquement dans la nuit ses valises, sans oublier le million d'euros engrangés en cachets publicitaires. Lily, elle, se consolait avec les recettes de son livre et ses 72 000 euros de salaire mensuel.

Loin des feux de la rampe, les deux associés d'un contrat d'amour à durée indéterminée se séparèrent pour rejoindre leurs conjoints respectifs. Ils le firent sans douleur : avec le pragmatisme de leur passé de déshérités, chacun avait vécu l'instant présent, sans tirer des plans sur la comète, dans l'esprit du proverbe *tóng chuáng yì mèng,* « un lit, deux rêves ».

4 février 2002

119

瓜　田　李　下

guā　　*tián*　　*lǐ*　　*xià*

«Pas encore coupable,
mais déjà suspect»
ou **Délit de sale gueule**

Auteur à succès de livres convertis en télé-films *(Hôtesse de l'air, Animaux sauvages)*, Wang Shuo découvrit avec stupeur au printemps 2003, lors de la dixième foire du livre de Changsha (Hunan), le prochain best-seller des éditions Arts modernes : Wang en était l'auteur putatif, quoique cette maison n'eût avec lui aucun lien. Le titre accrocheur mais vulgaire, *Mauvaise coucheuse !* (littéralement traduit par «Elle ne veut pas aller au lit !»), était destiné au public des femmes célibataires.

Il faut savoir qu'en Chine, dans leur métier qui ressemble à une jungle aux mille embûches entre piratage et censure politique, les gens du livre limitent les risques en présentant leurs projets lors des salons et ne procèdent au tirage réel que par la suite, en fonction de l'accueil du public.

À Changsha, au stand des Arts modernes, avec un tel titre et un auteur de telle notoriété, les commandes affluèrent.

L'homme de lettres plagié se refusa à toute déclaration – mais son agent littéraire alla en justice pour usurpation d'identité. C'est alors seulement que l'éditeur finaud fit un coup de théâtre en sortant l'atout de sa manche : il organisa une présentation publique de son auteur, boutonneux écrivassier de vingt-sept ans tout juste débarqué de son Dongbei (Nord-Est) natal, inconnu des arcanes littéraires – c'était son premier roman. Son principal mérite semblait être son nom : Wang Shuo, exact homonyme de l'homme célèbre…

Apprenant ce retournement de situation, Wang Shuo, grand seigneur, retira sa plainte sur une boutade – « Faut bien qu'ces gens bouffent ! » Quoique le livre donne l'impression d'une compilation écrite par des « nègres » et que l'auteur semble avoir été choisi moins pour ses vertus de conteur ou de styliste que pour son patronyme, cette opération frisait l'escroquerie (trompant le lecteur sur l'origine et la qualité du produit) mais demeurait légale.

C'est ce que suggère malicieusement la presse en citant le proverbe : *guā tián lǐ xià*, « au jardin des melons et sous le prunier », suspect ! (On ne peut pas prouver qu'il ait volé le fruit, mais c'est tout comme !)

Si d'aventure le sosie de Wang Shuo se révélait un génie littéraire, il serait toujours temps pour les deux hommes de se concerter pour voir comment, à l'avenir, se distinguer l'un de l'autre !

27 avril 2003

苟 延 残 喘

gǒu　　　yán　　　cán　　　chuǎn

« Retenir humblement son dernier souffle »
ou **Que philosopher, c'est apprendre à mourir**

Depuis 1994, à Shanghai, Lu Youqing menait un combat perdu d'avance contre son mal – un cancer de l'estomac. Un jour de février 2000, au sortir d'une pénible série d'examens et de radios, le médecin lui signifia son verdict : ce matin « était le premier de la centaine qui lui restaient à vivre » !

Encore jeune (trente-sept ans), Lu était un entrepreneur remarquable de courage et de débrouillardise, de ceux dont on dit que tout ce qu'ils touchent se transforme en or. Il était passé par mille métiers – instituteur, journaliste, courtier, négociant lainier, concepteur publicitaire, promoteur immobilier, où il avait laissé d'excellents souvenirs…

Ayant reçu ce message, au lieu de s'effondrer ou de fuir dans les plaisirs, il décida de s'atteler à son ultime défi : se consacrer au rêve inassouvi de sa vie, l'écriture.

Fidèle à sa parole, il se mit au clavier et,

depuis l'hôpital, écrivit chaque jour. L'œuvre ne fut pas un livre de prime abord, mais un site internet bilingue chinois-anglais, www.rongshu.com. Son titre, *Rendez-vous avec la mort*, est devenu un événement littéraire.

Chaque jour, tant qu'il a disposé de force physique et de motricité suffisantes, Lu a partagé avec des centaines de milliers de visiteurs virtuels sa passion de la vie, l'amour de ses proches, ses moments de désespoir, sa rébellion contre le naufrage du corps et son regard posé sur les nuages qui s'effilochent par la fenêtre.

Seule la moitié du témoignage fut mise en ligne. Le reste fut publié après sa mort, dans l'espoir de constituer, avec les droits d'auteur, un viatique à sa fille et à sa femme. En novembre 2000, le jour où j'écrivis ces lignes, Lu Youqing était depuis trois semaines trop faible pour s'asseoir. Il lisait sur écran par le biais d'un miroir tenu par sa femme, qui tapait pour son compte de brefs messages sur sa santé – il n'y manquait que le mot « fin ».

Était-ce son exceptionnelle volonté qui lui permit de *gǒu yán cán chuǎn,* « retenir humblement son dernier souffle » (faisant durer son agonie) ? Le sursis annoncé fut amplement dépassé – il ne s'éteignit qu'à la fin de l'année.

13 novembre 2000

当 头 棒 喝

dāng　　*tóu*　　*bàng*　　*hè*

« Bastonner la tête en criant »
ou Le rappel à l'ordre taoïste

Symbole séculaire de pouvoir et de légitimité, la place Tian An Men est quadrillée
depuis juin 1989 [1] par les agents en traque de
toute dissidence.

À l'approche du XVIe Congrès du Parti
communiste (novembre 2002), un nouveau
type de visiteur y est *persona non grata* : l'*homo
masticans,* le chewing-gum, plaisir du Pékin
moyen qui, dès 6 heures 30 du matin, au lever
du drapeau, déambule sur la plus grande place
du monde, et ce jusqu'à 23 heures, quand les
vigiles se rapprochent poliment pour mettre
tout le monde hors de ses basses grilles.

Pendant ces longues heures, pour tuer le
temps, on se déballe une plaquette de gomme
rose, on la mâche par ruminement lancinant,
on la transforme en une boulette qui, devenue
insipide et agaçante aux gencives, finit

---

1. C'est là qu'aboutit en avril 1989 la première manifestation d'étudiants, en ouverture du « printemps de Pékin »
où le régime faillit disparaître, avant de se ressaisir par
le massacre de la nuit du 3 au 4 juin 1989.

invariablement sur le marbre du sol où elle s'incruste en un disque déshonorant.

Mais le Congrès arrive et c'est le moment où Tian An Men doit être léguée nette et propre à la relève politique. La brigade d'hygiène de la municipalité de Pékin-Est a donc lancé sur le carreau mille gratteurs, qui viennent de passer dix-huit jours à genoux, à la brosse, consacrant jusqu'à cinq minutes par chewing-gum que l'on ramollit au moyen d'un détergent américain importé. Détacher chacun des six cent mille disques a coûté treize centimes d'euro au socialisme : le coût total du nettoyage fut évalué à cent mille euros par *Le Quotidien du peuple*. Hélas, à peine la place était-elle terminée par un bout qu'il fallut recommencer par l'autre, vu l'indiscipline de la population !

Aussi la mairie réagit-elle en publiant une inflexible « loi du chewing-gum » : tout crachat de gomme ou d'autres débris en coûtera désormais deux euros au fauteur, et mille cinq cents euros l'affichette engluée à la dérobée sur les réverbères… Le régime ne plaisante plus, c'est *dāng tóu bàng hè,* le rappel à l'ordre taoïste, (« frapper du bâton sur la tête en criant ! ») – avis aux amateurs !

NB : Huit mois plus tard, le tarif augmenta encore : mille policiers et trois cents nettoyeurs eurent pour mandat de verbaliser les cracheurs, activité désormais bannie en pleine épidémie du SRAS. Les fauteurs pris sur le fait durent alors se défaire, séance tenante, de six euros – ce qui, d'après les agents de la task force, les gêna moins que d'être pris en flagrant délit – peut-être – de propager le virus. Pékin s'est-elle enfin affranchie de son vice compulsif, comme le souhaitait l'État depuis des années ? Pour l'avenir, cependant, le scénario le plus plausible est celui-ci : une fois chassée la panique virale, le naturel crachoteur est retourné au galop, tant est enracinée cette habitude au plus profond d'un atavisme millénaire, même chez l'homme d'affaires au trois-pièces impeccable, même chez la belle mignonne maquillée et attifée à la dernière mode ! 28 octobre 2002

天高皇帝远

tiān   gāo   huáng   dì   yuǎn

« Le ciel est haut
et l'empereur est loin »
ou Quand le chat n'est pas là…

Inventé au Céleste Empire il y a deux mille ans, le cerf-volant avait à l'origine une fonction militaire : les archers s'en servaient comme cible et comme mire et étalonnaient leur arc avec précision grâce aux deux paramètres mesurables de l'élévation et de la longueur du fil.

Aujourd'hui, il est peu de fils du ciel qui ne s'adonnent aux joies du cerf-volant, en vente dans tout magasin, dans toutes les foires, au bord de toutes les routes. L'activité n'est pas seulement ludique. Elle nécessite une bonne technique intuitive, associée à une connaissance pratique des forces et rythmes éoliens : en fin de séance, à force de courir, de donner des petits à-coups au fil pour restabiliser l'engin, à rembobiner fiévreusement ou à donner du fil, suivant les sautes de zéphyr, on est en nage – l'exercice est plus intense que l'on ne croirait.

Le cerf-volant a bien sûr son festival international, à Weifang (Shandong). Il alimente un artisanat florissant, sous toutes les formes et couleurs, dans toutes les matières, à tous les prix. L'aigle et la chouette sont populaires, mais aussi les masques chinois, les personnages de légende, le singe légendaire Sun Wukong, son adjoint le cochon Zhu Bajie, le soldat Ming, le papillon, le serpent, le têtard. Il n'y a pas de limite de taille : les plus grands sont les dragons en carton-pâte à quatre-vingts éléments, pouvant revendiquer des dizaines de servants, pour une voilure en dizaines de mètres.

L'Orient serait donc rouge pour le cerf-volant, si M. Fang Yan, directeur du bureau des Parcs et Jardins à Shanghai, n'avait pas, le 9 octobre 2002, mis au ban cette activité dans les cent vingt-cinq parcs de cette métropole de dix-sept millions d'habitants. Motif : trop de passants se trouvent blessés – au moins dans leur dignité – par un losange de papier ou de soie leur chutant sur le chef. M. Fang déplore aussi les débris de toile et de rotin insultant chaque jour l'intégrité des arbres et des fils télégraphiques.

Toutefois, à la mode chinoise, comme pour tout délit nouveau et au degré de nuisance limité, les premiers contrevenants ne seront pas taxés – seulement réprimandés.

Ce qui donne aux Shanghaiens, frondeurs nés, un sursis pour poursuivre leur course derrière leur passe-temps, grommelant *in petto : «Tiān gāo huáng dì yuǎn»* – le ciel est haut et l'empereur est loin, version mandarine de la formule yankee : « Autant en emporte le vent ! »

21 octobre 2002

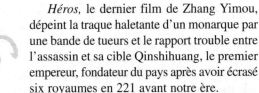

huí   cháng   dàng   qì

« Qui vous prend aux tripes ! »
ou **Une Chine fascinée par ses origines…**

Héros, le dernier film de Zhang Yimou, dépeint la traque haletante d'un monarque par une bande de tueurs et le rapport trouble entre l'assassin et sa cible Qinshihuang, le premier empereur, fondateur du pays après avoir écrasé six royaumes en 221 avant notre ère.

Le sujet était à risques, après le flop, en 1999 sur ce même thème, de Cheng Kaige – l'autre pape du cinéma chinois. Pour faire un film précis et créatif, manquent les détails historiques sur Qinshihuang. D'autre part, en quête d'avenir et doutant de soi, le socialisme au crépuscule complique la tâche du réalisateur, en insistant pour se draper dans sa légitimité. À travers la figure mythique, c'est Jiang Zemin que Zhang Yimou fait s'épancher sans grande subtilité sur sa solitude de maître génial et sur les indicibles embûches de son apostolat au service du peuple.

Zhang Yimou perd ici le dernier zeste de cette liberté créatrice qui le fit acclamer en

Europe des années 1990. Le public qu'il revendique désormais, c'est celui de Chine, ces centaines de millions de fans à conquérir, sous l'aile du ministère de la Culture et du Parti, empâté des dizaines de millions de dollars du ministère de la Culture. Le film a pourtant un grand mérite : l'heure et demie de bande musicale signée Tan Dun[1]. Dans sa table de mixage, le chef titulaire de l'Orchestre symphonique de New York combine son orchestre, cinquante choristes et un ensemble célèbre de percussionnistes nippons. Cerise sur le gâteau, Itzhak Perlman dut jouer (il n'aima pas) de son propre Stradivarius et du vieux crincrin du compositeur, monté de cordes de soie, comme cela ne s'était plus fait depuis deux mille ans sous l'ère des Royaumes combattants.

Le résultat est une sorte de docteur Jekyll et M. Hyde au violon. Un prodigieux dialogue s'instaure entre le yin, chant élégiaque des héroïnes Flocon de neige et Lune (compagnes des conjurés), et le yang rauque des assassins Sans-Nom et Épée brisée – violence virile et blizzard des steppes du Nord… Ces rythmes et assonances si maîtrisées ont *huí cháng dàng qì,* «remué souffle et tripes» de la Chine.

Et pourquoi le XXIᵉ siècle chinois[2] met-il tant de passion à retrouver l'ère qui précéda immédiatement la fondation de la Chine ? La réponse idéologique ne suffit pas.

Cette mode d'une Antiquité au bout du rouleau, pétrie de luxe, de trahisons et de petit esprit pourrait aussi refléter notre propre époque et donner espoir en l'avenir par sa promesse de renaissance de ses propres cendres, tel le phénix. Comme

---

1. Tan Dun a remporté en 2001 un oscar pour la musique d'un autre succès, *Tigre et Dragon.*
2. Zhang Yimou, Chen Kaige, voire le Français José Frèches, avec son cycle érotique du *Disque de jade,* éditions XO, 2002.

ses ancêtres d'il y a deux mille trois cents ans, la Chine moderne attend, larve endormie, le printemps, le coup de cisaille dans sa chrysalide, l'impulsion vers un nouveau cycle.

16 décembre 2002

鞭长莫及

biān　　cháng　　mò　　jí

«Le fouet n'a pas fait mouche!»
ou **Le bide**

Jeune et talentueux metteur en scène, Shang Chengjun n'a pas craint de monter sur les planches de l'Académie centrale d'art dramatique une des pièces les plus engagées de George Orwell, *Animal's Farm* (1945), satire du stalinisme transposé en révolution d'étable. Il fallait oser, en ce pays qui compte toujours trois millions de prisonniers et des milliers de camps de réforme par le travail[1].

Pour l'essentiel, Shang Chenjun respecte le message : la révolte des animaux contre les humains, la prise du pouvoir par les porcs, la confiscation de la révolution par une mafia d'apparatchiks carriéristes, sous le slogan «Tous les animaux sont égaux, mais certains le sont plus que d'autres».

Et pourtant, à voir les mines assoupies, la salle demi-pleine, la colle n'a pas pris. On rit poliment aux slogans niais, tel «l'œuf

---

1. Selon Harry Wu, dissident sino-américain qui y passa dix-neuf ans de sa vie.

d'aujourd'hui est la poule de demain » – mais l'enthousiasme retombe : *biān cháng mò jí,* se lamente le régisseur, « le fouet n'a pas fait mouche ».

Tout se paie. *La Ferme* a été « adaptée », plus pour les beaux yeux de la censure que pour ceux du public. De rigueur chez Orwell, le terme « Camarade ! » a été coupé au profit d'un anémique « Animal ! ». Sur la question de la responsabilité du totalitarisme, le metteur en scène avoue avoir « librement » choisi d'exonérer les dictateurs, pour s'en prendre aux masses « bovines » qui mériteraient bien leur destin d'opprimées, en raison de leur « égoïsme, indifférence, ignorance, fatuité et paresse ». Mais quel est ce résultat en Chine, sinon celui de cinquante ans d'école socialiste et d'éradication de toutes les autres influences possibles, à commencer par celle de la famille ? On imagine qu'Orwell n'aurait eu d'autre choix que de désavouer.

La version chinoise se risque à une seule, peu dangereuse, audace : un des trois verrats du texte anglais [1] a changé de sexe pour devenir l'épouse du chef, qui surpasse tout autre en intolérance et cruauté : c'est Jiang Qing, la compagne de Mao Zedong. Mais la truie se retrouve la seule « femme », le diable dans ce monde où le bien et le mal sont définis par les hommes. Jiang Qing mit fin à ses jours en résidence surveillée [2], condamnée par le régime comme l'instigatrice de la « bande des Quatre ». CQFD.

Loin de moi l'idée de jeter la pierre au metteur en scène. Shang Chengjun a payé pour faire passer le message et a probablement épuisé le quota de tolérance alors disponible. Sans cela, la pièce n'aurait pas vu le jour.

---

1. Censés symboliser Lénine, Staline et Trotski.
2. Par le suicide, le 14 mai 1991.

Sous cette version expurgée, le visa d'exploitation a été accordé en trois jours : le ministère créait la fausse impression d'une liberté nouvelle, alors que ce message vieux de cinquante-sept ans ne passait en Chine que tronqué de son levain subversif : en lui réservant un « bide », le public a montré qu'il n'était pas dupe !

2 décembre 2002

春意盎然

chūn　　　　yì　　　　àng　　　　rán

«Le printemps est dans l'air!»
ou L'art visuel,
bastion de la provocation

Par son ingénuité et son insolence, l'art graphique contemporain chinois rappelle le Paris des Années folles et, généralement, tout vieux pays confronté à sa propre renaissance. La BBC-(TV)[1] vient de diffuser deux clips récemment tournés en Chine, manifestement pour choquer le spectateur bien-pensant.

On y voit un artiste attablé devant un plat contenant l'apparence d'un fœtus. Au plan suivant, un homme boit une eau-de-vie où macère un prétendu pénis. La chaîne britannique s'interroge sur les raisons poussant cette génération à produire «l'art le plus outrageux et le plus noir au monde». L'un de ces clips fut présenté lors de la troisième Biennale d'art moderne de Shanghai (décembre 2000). Lors de la session suivante, en 2002, un certain Wang, artiste en mal de publicité, déambula

---

1. Captée par de rares privilégiés ou dissidents qui règlent illégalement leur soucoupe sur le satellite étranger.

nu sur le Bund, la célèbre promenade sur berge du Huangpu. En pure perte : le public blasé n'accorda pas un regard à l'exhibitionniste, tant les sollicitations visuelles abondent dans cette métropole, entre animations de rue, concerts et performances des grands magasins, et débordements d'excentricités des boîtes de nuit.

Décapantes et inquisitrices, les autres œuvres de la quatrième Biennale expriment le sentiment composite de bonheur et d'aliénation d'une jeunesse chinoise urbaine plutôt gâtée, qui a du mal à suivre la mutation rapide de sa société – stress, béton, libertés, suicide. Face à ce déferlement d'égotisme créatif, la censure, hier sourcilleuse, ne peut plus rien. Le monde des arts visuels est libre ! On verra même à Pékin en avril 2003, à l'inauguration d'un complexe artistique dans les murs d'un combinat est-allemand désaffecté, une bande de potaches s'affubler de blouses blanches et masques opératoires, portant ainsi l'angoisse du SRAS au cœur de leur cérémonie. Tout cela, pour rappeler le postulat de cette jeunesse en révolte : l'art, et non la politique ou les gros sous, porte le sens de toute chose !

Cette génération en pleine effervescence peut s'avérer fine et mature : à Canton (Guangdong), sous le titre de *Cabochons,* Zhang Hongtu expose un haut portail vermillon rappelant irrésistiblement l'entrée de Zhong Nan Hai, siège hier redouté du Parti communiste chinois. Au premier regard, la composition ennuie, sans rien pour retenir l'attention. On se demande pourquoi l'artiste s'est imposé un tel effort de minutie « stérile ». Puis l'on finit par voir.

Un lacis de grands clous aux trois quarts arrachés et pendant vers le bas finit par trahir son piteux secret. Il s'agit, selon l'artiste, de « verges surgelées dans un état d'érection impropre » : la porte du pouvoir est vermoulue, et le principe fécondant des dirigeants tout comme leur puissance deviennent objets de doute. Enfin, cet art blindé contre tout tabou, nanti de vérités oubliées et en éveil irrépressible, fait le printemps avant l'heure – *chūn yì àng rán,* « le printemps (chinois) est dans l'air » : il interpellera forcément le reste du monde, toujours plus !

5 janvier 2003

想吃热包子, 别怕烫

xiǎng chī rè bāo zi, bié pà tàng

«Le plaisir est dans la brûlure!»
ou **Pas de plaisir sans peine**

Voici venu le temps des friandises hivernales, que l'on savoure pour se réchauffer sur les lacs gelés, dans les ruelles, sous le soleil et le vent. Plaisir de trois sous, pris debout en bavardant avec le voisin, bonheur fugace et éphémère. Mais ces délices s'adaptent mal aux temps modernes.

La *yáng ròu chuàn*, brochette d'agneau à la braise, est bannie depuis l'an 1999, sacrifiée à l'autel de la propreté de l'air – elle survit en catimini dans quelques kiosques munis de simulacres de hotte aspirante.

Le *táng hú lu*, brochette d'azeroles caramélisées (pommes d'amour), fait gronder le législateur, fâché avec les poussières de l'air, qui menacent de ternir leur vernis de caramel rouge : il impose au camelot de cacher sous un sac en plastique son arbre de Noël de piques écarlates planté à son porte-bagages…

Dernier sur la liste des plats à abattre : le *kǎo bái shǔ*, patate douce sous la cendre, se voit reprocher son brasero de fortune – un baril recyclé. «Et s'il avait contenu goudron ou pesticide?» objectent les services d'hygiène.

Ce rejet simultané de ces friandises hivernales, qui avaient survécu aux bouleversements du siècle dernier, interpelle. Il n'est pas dû au hasard. Il exprime l'affaiblissement, voire la fin du goût du risque – et avec lui, du goût tout court.

La Chine qui s'enrichit et se modernise voit dans l'Amérique, son premier client et investisseur, la clé de sa richesse future et son nouvel arbitre des élégances gastronomiques. Après avoir fait ses heures de travail à l'usine américaine et cédé à l'esclavage de la pub yankee, elle balance ses humbles plaisirs d'hier au profit des snacks yankees, McDo, Kentucky Fried Chicken ou Pizza Hut, arrosés bien sûr de Coke ou de Pepsi.

Accompagnant cet héritage rejeté, un adage s'envole : *xiǎng chī rè bāo zi, bié pà tàng,* «si tu veux croquer le petit pain étuvé, ne crains pas la brûlure». Enfin riche, le citadin tire un trait sur son passé trop pauvre – il met aux ordures, avec ses vieux jouets, ses saveurs d'enfance !

12 janvier 2003

闻起来臭吃起来香

wén   qǐ   lái   chòu,   chī   qǐ   lái   xiāng

« Mauvaise odeur,
mais bon goût ! »
ou **Pas de rose sans épines**

L'histoire qui suit pourrait se produire en France avec le vieux-lille, en Angleterre avec le stilton, en Belgique avec le herve. La Chine revendique sa tradition du tofou, fromage de soja prisé, disent les sondages, par 80 % de la population, avec ses centaines de variantes anciennes et nouvelles, spaghettis, lasagnes, sauces, lait, yaourt, glaces ou beignets, tous dérivés du lait de haricot fermenté et coagulé.

Parmi ces innombrables avatars figure une espèce célèbre pour la ténacité de son fumet : le *chòu dòu fu*, littéralement « tofou puant », vieilli durant des semaines afin d'en aiguiser l'arôme. À Hong Kong, ce fromage a causé des rixes et incité la formation d'un syndicat de plaignants. Dans le quartier populaire de Mongkok, Ng Shiu-ping tient une des toutes dernières fromageries de la région administrative spéciale, à la fureur des riverains lassés de leur note mensuelle de pressing et de leur solitude imposée, confrontés à la grève des

visites de leurs clients et amis. Entre Ng et les inspections sanitaires, c'est la guerre : en onze mois, la fromagerie a été taxée à cinq reprises, la dernière pour 10 000 HK$[1] sous la charge d'infraction au règlement de contrôle de la pollution atmosphérique. Opiniâtre, Ng, qui a déjà dépensé l'an passé cinquante mille HK$ en hottes filtrantes, continue le combat : « Nous allons investir dans d'autres équipements. Il faut bien vivre. » C'est une question philosophique, car Ng pourrait aussi bien se reconvertir dans d'autres formes de tofou, moins offensives pour le nez.

Mais alors qu'adviendrait-il de la tradition et des dizaines de recettes merveilleuses de fromage rissolé et noyé en sauce piquante, étuvé aux haricots noirs et aux oignons, ou bien le fameux « hot pot » de mouton pékinois à l'infâme mais si délicieuse sauce rose ? Ng, personne responsable, contre les modes et l'incompréhension du jour, a charge d'héritage ! Les supporters, qui habitent hors du rayon olfactif de Mme Ng, opinent du chef, murmurant que *wén qǐ lái chòu, chī qǐ lái xiāng*, « la chose a mauvaise odeur, mais bon goût ». Parmi ceux-ci, Gong Li, la star du cinéma chinois, qui fut prise en flagrant délit par les douaniers en 1996, de retour de Taiwan (autre base stratégique de ce produit), le fromage dans le sac !

15 mai 2000

---

1. Environ 1 300 euros.

VI

« Les magouilles » (Crottes de chat)
(Petit) Business

貓膩儿

māo   nì   'r

貓

膩

兒

塞翁失马，安知非福

sài   *wēng*   *shī*   *mǎ*,   *ān*   *zhī*   *fēi*   *fú*

«Le vieux Sai perd son cheval : bonheur ou désastre – qui le saura ?»
ou **Tout est relatif… et réciproquement !**

Au chapitre de la tabagie, la Chine se prépare un avenir difficile, étant le premier producteur et consommateur sur terre. Ses trois cent vingt millions de paires de poumons (ou ce qu'il en reste) aspirent un tiers des fumées de Nicot dans le monde. Il en découle la première cause de mortalité en Chine, un million de morts du tabac par an, qui doubleront d'ici 2010, selon *The Lancet*, la revue médicale de référence.

Ce laxisme est dû à l'irresponsabilité du système, où les administrations vivent côte à côte au chacun pour soi.

Le fisc ne peut renoncer à la manne du tabac, qui lui rapportait cent trente milliards de yuans en 1999, chiffre qui augmente de 10 % par an – même si les pertes en soins aux malades et en travail non sujet à prestation sont bien plus lourdes.

Les provinces veulent leur part de ce pactole de l'État : elles y accèdent par le piratage du droit de marque. Les centaines de policiers dépêchés en permanence à travers le pays ne peuvent empêcher les cigarettes contrefaites d'occuper 10 % du volume de la production.

Au printemps 1999, le journaliste Wang enquêtait sur un certain village de la côte, où chaque paysan, au lieu de vendre son tabac à l'État, alimentait sa propre machine à rouler… Les petits ruisseaux faisant les grandes rivières, le village était devenu une importante filière de Marlboro frelatées, contre laquelle la police nationale ne pouvait rien : au moindre convoi kaki à l'horizon, les contrefacteurs se muaient en milice déterminée et disciplinée !

Le village, qui n'avait nulle envie de publicité, reçut mal le reporter : ni interview ni banquet – contre tout usage –, ni même une cigarette, fût-ce à titre de dégustation.

Blessé, notre envoyé spécial avait riposté par un reportage vengeur, qui avait fait du bruit. Un an passa et au printemps 2000, ce journaliste retourna au village, pas trop rassuré quand même – craignant une décharge de tromblon. Il fut stupéfait de recevoir la réception inverse – fleurs dans sa chambre, limousine, banquet, discours dithyrambique du maire en public.

Fort surpris, il s'imagina un instant que le village exprimait un genre de « repentir socialiste » pour son activité de piratage : il tomba des nues, en s'entendant quémander un autre reportage, « comme l'année dernière » : c'est que son papier assassin avait attiré sur le village les clients comme des sauterelles, grossistes et touristes locaux rêvant de fumer moins cher.

Le village avait écoulé tout son stock et racheté des machines, au détriment de la concurrence légale ou clandestine.

Il voulait remercier son bienfaiteur en bonne vertu confucéenne, tout simplement : d'un coup de baguette magique, la vengeance du reporter s'était muée en bienfait, au nom du proverbe *sài wēng shī mǎ, ān zhī fēi fú*, « le vieux Sai perd son cheval : malheur ou fortune, qui le saura ? »

3 avril 2000

两手空空

liǎng　　　shǒu　　　kōng　　　kōng

«Les deux mains toujours vides»
ou **Né perdant!**

Un auteur des années 1930 se détache comme le génie du XXᵉ siècle chinois: Lu Xun, revendiqué par le socialisme comme un de ses héros, mais qui s'en était distancié sur le tard, estimant que le totalitarisme annoncé par Mao n'était pas plus prometteur que celui pratiqué par Chiang Kai-shek. L'ouvrage le plus connu de Lu Xun, *La Véridique Histoire d'Ah Q*, fait la poignante description d'un archétype du Chinois de la rue, gouailleur, humble, généreux et toujours exploité.

En voici un autre qui vaut bien Ah Q et dont l'aventure est là pour confirmer l'intuition de Lu Xun: sous le socialisme, rien de nouveau sous le soleil.

En épinglant, en mai 2000, un couple de clandestins à bord d'un train de marchandises, la police de Shenyang (Liaoning) découvrit une destinée si étrange qu'un des inspecteurs la raconta à un journaliste.

Homme simple, Zeng était apprenti meunier à Yan (Hebei). En six ans, le bureau des Grains était parvenu à ne pas lui verser un *fēn* (centime) de paie. Il lui assurait un lit et son bol de riz trois fois par jour : pour son travail à temps complet à de telles conditions, notre idiot du village valait de l'or !

Fin 1999, l'apprenti fit montre de nervosité : à quarante-deux ans, il n'en était pas moins homme et voulait se marier. Soucieux de conserver cette perle, son patron lui offrit d'arranger la chose, par le biais d'une de ses vieilles *guān xì* (relations) du Liaoning, une entremetteuse. Il lui paierait bien les 6 000 yuans de ses six ans de salaire [1], mais en nature, sous forme d'une cabane et de mobilier, d'un petit banquet et de son épouse, sans oublier le cachet de la marieuse, à sa charge.

L'épouse – plus très jeune – fut livrée avec son baluchon et la lune de miel débuta. Dès lors, tout dérapa. À des symptômes indiscutables, Zeng constata que la femme était une hystérique du genre hyper-agressif. Personne, même un homme doux comme lui, ne pouvait vivre avec un tel monstre à ses côtés : le contrat était caduc !

Il exigea que l'employeur reprenne la pauvre folle et lui verse son dû. Mais ce dernier parvint à le convaincre d'aller se plaindre à la marieuse, mille kilomètres plus au nord. Et en guise de transport, il le fit monter, avec son « épouse », à bord de ce train de marchandises retournant au Liaoning.

Dans ces conditions, pour Zeng l'éternel perdant *(liǎng shǒu kōng kōng),* se faire prendre à l'arrivée dans le wagon à bestiaux était presque un bienfait du ciel, car la police pouvait le débarrasser de sa harpie et réclamer des comptes au patron indélicat. Marquant ainsi, si les dieux le veulent, un nouveau départ dans la vie pour notre meunier !

5 juin 2000

---

1. Soit 80 yuans par mois, outrageusement bas : la moyenne nationale tourne autour du quadruple.

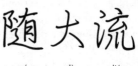

随 大 流

suí   *dà*   *liú*

«Suivre le courant dominant»
ou **Moutons de Panurge**

Tant bien que mal et non sans courage, les provinces de l'intérieur n'ayant pas eu droit au miracle économique de leurs sœurs côtières, tentent d'apprendre d'elles, dans l'espoir de les rejoindre dans le bien-être. Leurs ennuis premiers leur viennent, elles le savent, de leur autoritarisme atavique, du despotisme des roitelets rouges et des taxes arbitraires qui tuent l'esprit d'entreprise.

Aussi, un peu partout, les mots d'ordre fusent pour encourager l'initiative privée et le choix de *xià hǎi*, «descendre à la mer» – se mettre à son compte. Mais ne s'improvise pas démiurge qui veut et, surtout, tout en rêvant aux émotions créatrices (et aux millions) de la classe des entrepreneurs, ces apprentis capitalistes prétendent préserver leur droit à la sécurité collective, au «bol de riz d'acier»: la confusion entre ces deux revendications contradictoires donne parfois des résultats détonants !

En janvier 2000, la mairie de Xigou, aux portes d'Urumqi (Xinjiang), fit preuve d'un

148

enthousiasme aveugle pour ce nouveau projet : « on » (toute la municipalité, mairie et fermes collectives) s'équiperait d'un élevage moderne devant produire, à vitesse de croisière, trois cent mille poulets par an. Le marché était là, il suffisait de se baisser pour le prendre. À l'unanimité, les quarante édiles votèrent que la mairie prenne en charge le quart des investissements – et s'engagèrent auprès des fournisseurs.

Mais quand ils vinrent annoncer au peuple paysan la décision démocratique (et sa participation à concurrence des 75 % restants), ce dernier refusa tout net et aucun discours ne put le faire changer d'avis. Pris à leur propre piège, les gratte-papier n'eurent d'autre choix, en août, que de mettre une main au portefeuille et l'autre à la mangeoire, chacun empruntant 9 500 yuans sur son salaire pour lancer le projet malgré la défection des masses, et élever deux mille poussins dans l'année.

Cela entraîna la conversion de la mairie en basse-cour. Sans formation ni motivation des apprentis sorciers, le pire arriva à toute vitesse ! Trois mois plus tard, ces poulets étiques et coriaces se vendirent mal, ayant été mal soignés, sans aliment adapté ni climatisation. Et, tout compte fait, le marché était déjà saturé.

Ayant chacun perdu 3 000 yuans dans l'aventure, nos ronds-de-cuir n'ont à présent plus le cœur à l'ouvrage, mais n'ont d'autre choix que de continuer, attendant on ne sait quoi – retour de conjoncture, dédommagement de Pékin ou quelque miracle leur permettant de retourner « à leurs moutons »…

20 novembre 2000

鱼龙混杂

yú   lóng   hùn   zá

« Masse indissociable des poissons et des dragons »
ou **Larrons en foire**

Le 4 janvier 2000, dans un restaurant de Ningbo (Zhejiang), belle ville portuaire qui talonne Shanghai dans la course vers l'avenir exportateur et industriel, Mlle Chen Su et son ami Kong Yongliang dégustaient tranquillement un poisson de mer, dit « aux-os-jaunes », quand celle-ci poussa soudain un cri perçant, suivi de grands gestes incontrôlés. Kong la sauva de l'étouffement, ouvrant sa bouche et insérant des doigts malhabiles pour en extraire une arête magistrale plantée dans sa joue.

La pauvre crachait un sang copieux, qu'on finit par étancher dans le scandale. Proche de la nausée, le quart de la salle s'était éclipsé discrètement, tandis que le reste suivait le spectacle, les yeux écarquillés. Kong vociférait, exigeant des excuses et beaucoup d'argent pour payer les soins à l'hôpital.

D'abord plein de honte et d'embarras, et se demandant sincèrement comment réparer le tort infligé à ces braves gens, le gérant, homme de bon sens, finit par flairer anguille sous roche : par la caissière, discrètement, il fit appeler la police, qui fut sur place en un temps record pour passer sans manières les menottes à l'escroc ainsi qu'à sa souffrante complice.

Les gendarmes étaient depuis longtemps sur la piste du couple. Cela faisait deux mois que Kong et Chen, pique-assiette au petit pied, écumaient les bonnes tables de la ville, où ils produisaient leur numéro. Ils ne commandaient que du poisson, et de belle taille – le plus cher. Leur instrument de travail, l'arête, ne venait pas du même animal : Chen Su, le moment venu, la sortait de sa poche où elle la tenait cachée et n'hésitait pas à rouvrir jour après jour sa plaie infectée, afin de justifier leur exigence de compensation auprès du restaurant, qui devenait instantanément leur otage : plus vite l'on payait, moins l'on subissait cette désastreuse perte d'image de marque. Par cette technique, en huit semaines, le couple avait extorqué 8 500 yuans de dommages, *pretium doloris* et frais médicaux. Anxieux d'éviter le scandale, trente restaurants avaient payé comme un seul homme. Seuls les hôpitaux auraient pu s'étonner d'une pathologie si récurrente. Mais quand on paie, que voulez-vous…

Une fois au bloc, sa joue enfin recousue, Chen Su fit une confidence : elle était soulagée de ne plus avoir à jouer les *yú lóng hùn zá* (bandits inséparables des honnêtes gens) pour un butin minable, de surcroît inséparable de la peur, des remords et des longues nuits d'élancements dans la cavité buccale.

24 janvier 2000

邪门歪道

xié　　mén　　wāi　　dào

«Porte borgne et voie faussée»
ou Coup tordu

Fondée par San Junsheng dès 1994, la Compagnie des créances s'était rendue célèbre à travers la Chine par son art de la mise en scène et sa capacité à faire perdre la face. Sur ce thème, personne ne reste insensible en Chine : quiconque fait le deuil de son honorabilité, perd aussi son crédit et est un homme ruiné.

Ainsi donc, dès qu'un client se présentait à la Compagnie des créances avec une dette en souffrance, les trente-huit hommes de M. San mettaient en branle leur outrageux folklore. Bien vite, ils se présentaient devant les bureaux de la firme marron, en grand uniforme blanc gansé de jaune canari et à casquette du même style, sur laquelle étaient brodés en caractères d'or les mots vengeurs : «Réglez vos dettes !»

Afin d'éviter que quiconque – les aveugles, par exemple – n'ignore la scène, ils leur jouaient – en pleine rue – une aubade de leur orphéon, avec fanions, gongs et tambours, et ne manquaient jamais de compléter le show par un petit discours au mégaphone, promettant de revenir. Dans 60 % des cas, une seule séance suffisait pour convaincre le débiteur écarlate de payer dans les heures suivantes.

Hélas, une fois le premier moment de panique passé, les mauvais payeurs s'étaient faits au petit jeu de San Junsheng et avaient rechuté dans la paralysie du portefeuille : le récupérateur de dettes dut ajouter à son attirail fusils de chasse, matraques électriques et somnifères pour faire payer les débiteurs.

Il évita certes de pratiquer ce genre de sport pour son propre compte. Il n'y fit appel que comme ultime recours et ne ponctionna jamais ses victimes que du montant de la créance, additionné de sa commission convenue à l'avance. Mais ce petit turbin n'en était pas moins essentiellement illégal, *xié mén wāi dào* (« porte borgne et voie faussée »)…

Le gang parvint à kidnapper vingt-huit débiteurs en six ans, récupérant 320 000 yuans de créances-rançons. Jusqu'au jour où, une fois libéré, un mauvais payeur et mauvais coucheur au bras long fit jeter San et trois de ses sbires au cachot (le vrai, public et légal). Lors du procès, quelques mois après, le juge leur colla le plus lourd verdict jamais infligé en Chine contre une compagnie de créances : des peines carcérales allant de onze ans à la perpétuité.

La morale de l'histoire est inattendue : le petit peuple unanime considère San et ses hommes comme des héros brimés : ils étaient son ultime espoir contre les mauvais payeurs, vu l'inefficacité de la police et des juges, à qui il suffit de graisser la patte pour se faire pardonner n'importe quoi. San a été abattu par la justice, dit-on, pour avoir osé donner un recours aux gens qui travaillent, contre les pistonnés et corrompus.

9 avril 2001

牛鬼蛇神

niú   guǐ   shé   shén

虎头蛇尾

hǔ   tóu   shé   wěi

« Démon de bœuf, esprit de serpent ! »
« D'abord tête de tigre, puis queue de serpent »
ou **Bandits vaches**

Négligé jusqu'en 1988 en Chine pour des raisons culturelles, le commerce du lait y connaît depuis lors, sous l'impulsion de chaînes comme Pizza Hut ou Nestlé, la progression la plus rapide du secteur dans le monde rural – et dans le monde tout court : vu l'insatiabilité de la demande et la variété des utilisations agroalimentaires, tout fermier laitier est assuré d'un vaste marché, ce qui est loin d'être le cas des autres. De nombreux paysans guignent donc l'eldorado blanc, surtout en Mongolie-Intérieure, dernière prairie mondiale.

Au printemps 2000 à Fengzhen (Mongolie-Intérieure), sans rien y connaître, soixante-dix-huit paysans créèrent ensemble une coopérative laitière. Ils se rendirent donc à la foire aux bestiaux de Jinzhou (Shanxi), une des plus grandes du pays, leurs portefeuilles remplis des 60 000 yuans de crédits consentis par la Banque de l'agriculture. Ils y acquirent collectivement une vache par exploitant, qu'ils payèrent cuir et poil : ils choisirent les plus belles, aux solides flancs pour bien vêler, aux cornes nobles, à la splendide robe crème tachée d'ébène. Puis, fiers comme Artaban, ils les rapatrièrent par camions à leur Fengzhen natal.

Les désillusions tombèrent une semaine plus tard, à la première averse. Des bêtes virent tomber leur queue (postiche), d'autres leurs cornes (en bois). Toutes perdirent les mouchetures (teintes) de leur pelage, tandis que les panses gonflées aux ballons ou aux hormones pour simuler une gestation reprenaient leurs formes flasques et bréhaignes. La fin de l'orage permit de remettre les pendules à l'heure : quarante des ruminants vendus comme « frisonnes » n'étaient que des vulgaires vaches jaunes du Shanxi.

Alertés, les gendarmes de Fengzhen, sans perdre de temps, firent une descente à Jinzhou où, pour retrouver les faussaires qui venaient de prendre la poudre d'escampette, ils organisèrent une vaste battue avec leurs collègues locaux et deux cents villageois ravis de l'aubaine. En six heures, ils les empoignèrent. Mais l'affaire tourna court : tout ce que l'interrogatoire produisit, ce fut le nombre des ventes « bidon » (dix) réalisées dans l'année par les escrocs. Pour leur défense, les maquignons alléguèrent sans vergogne que le troupeau leur avait été vendu ainsi et se déclarèrent insolvables : dans leur logement passé au peigne fin, il fut en effet impossible de trouver la moindre trace des fonds escroqués.

Ils seront condamnés, c'est certain, à de lourdes peines. En attendant le procès, les laitiers de Fengzhen méditent sur leur mésaventure : ces *niú guǐ shé shén*, « démons de vache, esprits de serpent », ne valent pas la corde pour les pendre, disent les uns. D'autres pensent *in petto* que leur ferme à lait, si bien partie pour commencer, finit en eau de boudin : *hǔ tóu shé wěi,* « tête de tigre, puis queue de serpent » !

8 octobre 2001

女人能顶半边天

nǚ　　　rén　　　néng　　　dǐng　　　bàn　　　biān　　　tiān

«La femme peut porter la moitié du ciel»
ou **Pour vendre, en Chine, tous les arguments sont bons**

Profitant de la «semaine d'or» de la fête nationale durant laquelle se concentre le gros des ventes du semestre, Étoiles et Lune, chaîne d'ameublement du Jiangsu, placarda dans tous les journaux locaux cette surprenante promotion : «Avec l'armoire à glace, gagnez une nounou !» 2 500 yuans d'achats donnaient droit à vingt heures de repassage, balayage et cuisine. Plus l'on achetait, plus s'arrondissait le crédit d'heures.

Portée sur la gouaille, la rue shanghaïenne n'a pu s'empêcher de broder sur un slogan célèbre des années 1950. Au lieu de dire, comme Mao Zedong, que «la femme peut porter la moitié du ciel», c'est «la femme peut apporter la moitié des meubles» que répète la scie des derniers jours [1].

---

1. 女人能顶一半家具 *nǚ rén néng dǐng yí bàn jiā jù.*

L'affaire a bien marché – cent soixante foyers ont béné-
ficié de l'offre. En revanche, la Fédération des femmes a froncé
les sourcils et ouvert à ce sujet un forum dans son journal.

Certaines militantes s'inquiètent d'un retour à «l'esclava-
gisme» et de la dégradation du statut du personnel de maison,
pour lequel le terme colonialiste de *bǎo mǔ* («mère protectrice»,
c'est-à-dire «bonne») revient en usage. D'autres applaudissent
à cette formation gratuite offerte à des centaines de paysannes
incultes. Les nouveaux bourgeois sont ravis de l'aubaine et,
souvent, la situation crée l'emploi : la firme de mobilier finit
par jouer le rôle d'agence de placement. Enfin, les principales
intéressées, interrogées, avouent se moquer éperdument de la
manière dont on les nomme, pourvu qu'elles aient la chance
de travailler et qu'on les paie.

Cette action promotionnelle trahit l'étourdissant dynamisme
du pays de tous les possibles, mais aussi le formidable écart
qui se creuse entre riches et pauvres, rappel du capitalisme à
deux vitesses de la Shanghai des années 1930. Elle montre
également le désarroi des cadres des organisations féministes
de Mao, qui doivent avouer leur échec : s'étant battues pendant
cinquante ans pour l'émancipation de leurs sœurs, ces femmes
âgées, amères d'un idéal non réalisé, doivent finalement
composer avec le retour de la précarité rampante ; la grande
libération féminine, si elle est de ce monde, sera l'affaire d'une
autre génération…

3 décembre 2002

吃闭门羹

chī　　　*bì*　　　*mén*　　　*gēng*

«Manger la soupe de la porte fermée»
ou Trouver porte de bois

Soumise à un marathon endiablé pour occuper tous les «segments», «espaces» et «secteurs» de son marché, la distribution chinoise est en ébullition. Par centaines de millions d'euros, les petits magasins socialistes d'antan sont rachetés ou fermés, afin de laisser place à des chaînes commerciales aux clientèles toujours plus ciblées.

La dernière trouvaille des commerçants chinois fait honneur à leur imagination; la «niche», cette fois, a des barreaux: c'est celle des prisons. Jingkelong, la chaîne pékinoise qui n'existait pas même deux ans plus tôt, tente d'investir les onze établissements carcéraux de la capitale.

Au pénitencier de Ninghe, près de Tianjin, Jingkelong a ouvert une supérette pour fournir les taulards en savon et dentifrice, papier à lettres, stylos et cartes à jouer… Le magasin offre quatre cents produits de première nécessité au tout meilleur prix car, on peut l'imaginer, avec leurs salaires de repris de justice, les réprouvés socialistes ne font pas de choux gras. Xinhua (ma source d'information) précise qu'alcools et tabac, allumettes et briquets, bouteilles, couteaux, rasoirs et même menottes, censurés par les geôliers, restent absents de l'inventaire.

Le supermarché a plus de clients qu'on n'attendrait : familles et amis des visiteurs n'ont plus besoin d'apporter, en bus ou en train, leurs cadeaux pour soutenir le moral. Ils achètent sur place chocolats, fleurs – et oranges, bien sûr. Ces ventes ne sont limitées que par les heures de service vespérales ou dominicales : hommes et femmes au ban de la société n'ont que le soir et le jour du repos pour dépenser la solde gagnée à la sueur de leur front [1].

Le système de Jingkelong comporte une brillante trouvaille : la carte de crédit carcérale, confiée à chaque prisonnier le jour de sa mise sous écrou, permet à la supérette de cumuler sur son « marché captif » le salaire et les mandats…

Enfin, pour quelques sous de plus, Jingkelong sert aussi des repas améliorés dans sa cantine spéciale pour réunion des familles : réinterprétant ainsi au profit des usagers l'adage *chī bì mén gēng,* « manger la soupe de la porte fermée ».

En temps ordinaire, le proverbe signifie « se faire poser un lapin » ou trouver porte de bois. Ici, il signifie que visiteurs et bonne chère, menus et gastronomie, tous les attributs de la vie de naguère sont de retour, derrière les murs – à condition, bien sûr, de ne pas oublier de régaler le maton !

13 mai 2002

---

1. En cela, peu de différence avec le reste de la Chine en liberté qu'en plus des soirs et des dimanches, fait ses emplettes 361 jours par an, de 9 heures à 20 heures. Les quatre jours hors commerce étant le Jour de l'an, le Nouvel An lunaire, le 1er Mai et le 1er Octobre, fête nationale.

盘 马 弯 弓

pán　　　mǎ　　　wān　　　gōng

« Faire caracoler son cheval
et bander son arc »
ou Jouer les gros bras

À 17 heures moins 6, cette caissière d'une succursale bancaire pékinoise fronça les sourcils : débraillé et l'air hagard, du genre de qui sort du lit, son client hors d'haleine brandissait un carton débordant de *máo* (dixième du yuan) et de yuans, coupures qu'il prétendait troquer contre des gros billets… Pas question de se lancer à l'heure de fermeture dans cette opération alors qu'il lui restait toute sa caisse à faire : courtoisement, elle offrit donc au client de repasser le lendemain matin. S'il voulait bien faire confiance, on lui ferait son décompte en son absence…

Au comptage, cependant, les ennuis commencèrent : sentant la moutarde lui monter au nez, la caissière dut constater que les élastiques liant les liasses, n'étaient autres que des condoms fraîchement lavés.

Promptement mis au parfum, le directeur de la succursale explosa : jamais on n'avait vu prendre de telles libertés avec le *rén mín bì*, dit « monnaie du peuple », ni telle désinvolture envers son personnel. Il aurait voulu déposer une plainte formelle, mais aucune loi n'existait pour ce délit d'emballage obscène. Le règlement de la Banque populaire de Chine réprimant la dégradation de la monnaie n'était pas recevable – les titres, quoique élimés, étaient en état normal.

Mais qui avait pu amasser tant de petits billets ? Le directeur pensa au portier d'un de ces bains « publics » qui, dès la nuit tombée, font maison close plus souvent qu'à leur tour. Ce genre de sauna bancal permet au videur de se faire de beaux à-côtés, sous la forme des pourboires qu'il encaisse en livrant à la demande les bières, les snacks et cigarettes, de bain en bain, d'alcôve en alcôve.

Le directeur crut trouver un châtiment exemplaire. Il convoqua la presse, raconta l'affaire tout en laissant prendre un cliché du *corpus delicti*. Le lendemain matin, l'article paraissait, accompagné de l'avertissement comminatoire : « Quand ce monsieur reviendra, nous espérons qu'il pourra nous fournir une explication. »

Le but de la petite phrase était bien sûr de *pán mǎ wān gōng*, « faire caracoler son cheval et bander son arc » : dissuader le client de venir réclamer ses 1 400 yuans. Un an et un jour plus tard, ce serait le fonds des loisirs du personnel qui hériterait du magot – le compte serait bon et l'homme méditerait sa leçon.

La presse n'a pas publié la suite de l'histoire : j'aime à croire que cet homme simple, travaillant dur et peu impressionnable, aura déçu les espoirs mesquins du banquier en repassant prendre son dû.

8 juillet 2002

不务正业

bù　　　wù　　　zhèng　　　yè

«Le moine a quitté la voie»
ou **Violer sa règle**

«Il est de notre devoir sacré de protéger la culture de Shaolin!» tonne Shi Yongxi, abbé de l'ordre combattant, fondé en 496, selon la tradition. Quand le père supérieur dit «culture», il sait de quoi il parle: de dollars, de fortunes détournées par des firmes chinoises et étrangères, invoquant en vain le nom de Shaolin pour vendre leurs produits.

Réalisé en 2002 par l'Agence chinoise des marques et brevets, un sondage a identifié cent dix-sept dépôts abusifs de marque «Shaolin», à travers onze pays. La Chine ne fait pas mieux: plus de cent firmes n'ont pas craint de reproduire le nom des moines lutteurs sur une gamme d'articles – de l'automobile au digestif, des nouilles aux draps – sans parler des onguents coquins et élixirs de bas étage, abusant autant de l'image des frères castagneurs que de la crédulité des amoureux bernés et en berne!

Mais, en pugnacité, les moines du kungfu ne craignent personne. Déjà en 616 sous les Tang, ils avaient aidé le Fils du Ciel à mater une révolte ; et mille ans plus tard, en 1676, un empereur ingrat avait fait raser le temple Shaolin devenu trop fort, État dans l'État. Ce qui ne l'a empêché pas de resurgir de ses cendres après que cinq survivants eurent prononcé le célèbre « serment des pêchers », cri de ralliement des bandits d'honneur et référence historique des *sān hé huì*, triades (sociétés mafieuses).

Aujourd'hui, Shaolin est devenue La Mecque du *wǔshù*[1]. Shi Yanlu, son moine entraîneur, passe plus de temps aux réceptions d'imprésarios qu'à prier ou jeûner : le *wǔshù* devient une discipline universelle, avec les premiers championnats du monde tenus à Shanghai en juillet 2002 : quarante-quatre athlètes de seize pays s'y affrontèrent sur onze épreuves, dont six revinrent à la Chine, trois à l'Iran, une à la Russie et une au Viêt-nam.

Pour combattre la contrefaçon, le bouillant père a créé sa propre agence de vente du label, qui attaque en justice les indélicats à travers le monde. Et ça marche ! En Allemagne, un homme d'affaires a rendu gracieusement les onze brevets « Shaolin » qu'il avait déposés. En échange, les bons pères lui ont octroyé le droit de monter son Centre culturel Shaolin et lui ont délégué deux frères, qui passent leur temps à étudier l'allemand, à prier, s'entraîner et combattre.

Pour un bouddhiste, rechercher le profit n'est pas conforme à la règle. Mais de telles transgressions sont si fréquentes qu'elles en sont proverbiales, *bù wù zhèng yè* – « le moine sort de sa voie ». Pourtant, un tel compromis gracieux, entre hommes d'Église d'Extrême-Orient et homme d'affaires d'Occident, est un vrai petit miracle de l'ère moderne : à défaut de multiplication des pains, c'est le partage de la galette !

14 octobre 2002

---

1. Improprement nommé kungfu à l'étranger : ce terme désigne l'ensemble des rites de Shaolin dont seul le *wǔshù* est la version guerrière.

红颜祸水

hóng   yán   huò   shuǐ

指鹿为马

zhǐ   lù   wéi   mǎ

« C'est par la femme que vient la catastrophe ! »
« Montrer le cerf pour désigner le cheval »
ou Elle porte le mauvais œil…

Bien des cultures posent en *a priori* que la chance serait mâle et le guignon femelle. En Chine aussi, l'axiome imbécile garde sa virulence. Heureusement, les cas les plus odieux trouvent leur chemin jusqu'à la presse, prouvant que le monde change.

Fraîchement émoulue de son université, Xiao Fang était depuis décembre 1999 commerciale, appréciée de son patron, dans une compagnie privée d'électronique à Xiaoshan (Zhejiang) jusqu'à avril 2000, année où l'usine souffrit d'une série de doigts tranchés ou écrasés.

Il fallait réagir, vite. Les accidents étaient dus à une sécurité et une formation déficientes, et à des machines obsolètes. Mais au lieu de faire venir les experts pour déterminer les améliorations nécessaires, le pusillanime propriétaire se laissa convaincre par sa femme de consulter un maître de *fēng shuǐ* (forces méridiennes), sur l'origine des ondes néfastes.

Il ne fallut à l'homme de l'art qu'une visite succincte sur le site pour débusquer Xiao Fang : son karma était incompatible avec ceux du couple, décréta-t-il. *Hóng yán hùo shuǐ* : c'était par la femme que venait la catastrophe ! Xiao Fang fut alors priée de se mettre en arrêt de travail jusqu'en juillet, pour voir.

Le 21 juin, quand Xiao Fang se présenta à l'issue de sa quarantaine, la femme du boss la reçut, un large sourire aux lèvres, pour lui asséner la bonne nouvelle : pas une seule blessure en son absence ! Le devin était vraiment un homme très fort, et son verdict sans appel : début juillet, Xiao Fang reçut sa lettre de licenciement.

Un quotidien cantonais publia l'histoire pour ridiculiser le comportement de cette entreprise ultramoderne aux mentalités moyenâgeuses. Toutefois, mis à part le nom de la firme, deux détails ont été omis par la presse, qui avaient peut-être leur importance : le degré de beauté de la jeune femme et celui de son intimité avec le patron. S'ils dépassaient un certain stade, l'affaire des accidents pourrait n'être qu'un prétexte pour la patronne, technique vicieuse, mais régulière, d'autodéfense pour garder son mari.

Faute de quoi, l'épouse risquait de se retrouver répudiée à bref délai et sur la paille. La mésaventure de Xiao Fang a donc, tout bien considéré, deux facettes parfaitement plausibles, dont une seule est vraie. Un second proverbe s'impose à l'esprit, dans cette seconde hypothèse où la femme légitime accuserait le karma pour condamner la rivalité amoureuse : *zhǐ lù wéi mǎ*, « montrer le cerf pour désigner le cheval » !

24 août 2000

jí   zhōng   shēng   zhì

«Le génie naît dans la détresse»
ou L'énergie du désespoir

Il faut toujours éviter Wenzhou (Zhejiang), un des plus notoires antres mondiaux de la contrefaçon, où rôdent les plus louches individus de l'Empire…

Voilà ce qu'auraient dû se dire ce 27 avril 2003 Wang et Aï, commerçants quittant Tianjin pour cette ville du Sud à bord de leur humble Beijing Jeep, nantis de 30 000 yuans pour y mener leurs petites affaires. Ils se méfiaient d'autant plus qu'ils y avaient eu un litige lors d'une précédente tournée – ils avaient pour cette raison décidé de voyager de nuit pour limiter les risques de mauvaise rencontre.

Arrivés à Wenzhou dès potron-minet, leur courage faiblit : ils se rappelèrent qu'ils avaient une course urgente à faire à Ningbo, plus au nord. Mais alors qu'ils se dirigeaient vers l'autoroute, ils furent pris en sandwich entre deux véhicules, dont sortirent huit faciès patibulaires – plusieurs d'entre eux, avoua Wang par la suite, étaient de vieilles connaissances. Les assaillants les allégèrent prestement de leur pécule et de leurs téléphones mobiles. Insatisfaits de ce butin en dessous de leurs espérances, ils les frappèrent pour les encourager à travailler de leurs portables (qu'on leur rendit pour l'occasion), afin de leur procurer une rançon plus étoffée. Et comme ils refusaient ou s'en montraient incapables, Wang et Aï furent kidnappés.

Wang se retrouva au troisième étage d'un hôtel borgne. Après quelques heures de *statu quo,* les trois geôliers s'assoupirent sur le lit, tandis que sur la chaise, le kidnappé dénouait ses liens pour sortir et emprunter l'escalier à la pointe des pieds… Hélas, ce fut pour se retrouver à l'étage du dessous face à un acolyte en faction, puis dix secondes après, face à un autre à l'étage du dessus !

Il ne resta plus au malheureux commis voyageur qu'à se jeter hors de l'hôtel par une fenêtre à dix mètres du sol, droit sur une publicité aux néons fixée à un pylône, tandis que les bandits hésitaient et que dix, vingt, cinquante badauds s'agglutinaient en contrebas.

C'est alors que le fugitif eut le *jí zhōng shēng zhì,* l'éveil taoïste, l'idée qui sauve au creux du désespoir : ignorant les truands qui tentaient de le raisonner par des paroles mielleuses, Wang hurla de sa plus belle voix qu'il voulait se suicider.

Presque aussitôt, par l'odeur alléchés, se présentèrent les reporters : Wang était déjà à demi sauvé ! Il jugea toutefois préférable de demeurer sur sa plateforme instable jusqu'à l'arrivée des policiers.

Les bandits n'avaient pas demandé leur reste – de mèche, l'hôtel borgne les avait laissés filer. M. Wang goûtait à nouveau à la liberté, mais d'une liberté laissant un arrière-goût amer : son partenaire Aï demeurait aux mains des mystérieux agresseurs et sa voiture avait changé de propriétaire – à jamais, selon toute vraisemblance.

18 mai 2003

借 花 献 佛

jiè   huā   xiàn   fó

«Emprunter des fleurs pour les offrir à Bouddha»
ou **Faire un fric-frac**

Jusqu'au début des années 1990, faire un casse en Chine eût été rigoureusement impensable, pour bien des raisons. Ni les banques ni l'argent n'existaient : les 100 à 200 yuans de salaire moyen ne justifiaient pas un outil bancaire ramifié, et une puissante ville comme Pékin pouvait se contenter d'une vingtaine d'agences pour les onze millions d'habitants de l'époque. Un des objectifs ultimes du maoïsme était l'élimination de l'argent. La morale socialiste était imprimée au plus profond des esprits, sans rien pour la contre-dire : la délinquance était absente. D'ailleurs, le contrôle des masses et le maillage policier étaient si étroits que personne n'eût disposé des complicités ni de la logistique pour réaliser telle opération.

Il n'a fallu que très peu d'années pour reboiser la montagne du crime : les fric-fracs se produisent aujourd'hui si fréquemment qu'ils ne font plus depuis longtemps les gros titres des journaux, même pour annoncer l'exécution des bandits pris sur le fait. La sévérité extrême de la répression n'arrête plus les auteurs de hold-up, souvent d'ex-militaires ou policiers démobilisés, qui ne voient que *jiè huā xiàn fó* («emprunter des fleurs pour les offrir à Bouddha») comme moyen d'accéder à la richesse.

Ce 9 mai 2001 à 18 h 40, comme chaque soir à Wenzhou (Zhejiang), le fourgon blindé de la firme locale de convoi de fonds s'arrêta devant l'agence de la Banque de Chine pour recueillir les dépôts du jour. Casqués, en gilet pare-balles, ses gardiens sortirent.

Il pleuvait – c'est souvent le cas : derrière sa guérite, le planton à l'entrée évita une fois de plus de sortir pour contrôler pour la nième fois le transfert des sacs scellés remplis de liasses. Interrogé un peu plus tard par la police, il avouerait qu'au moment du départ du véhicule, il avait eu un léger pincement au cœur, prémonitoire d'anomalie : il n'avait jamais vu ces convoyeurs-là, et puis il y avait ces quelques minutes d'avance…

L'enfer explosa quinze minutes après, alors que les employés baissaient le rideau de fer : le « même » engin faisait crisser ses freins devant l'entrée, des gardes aux mêmes matraques, armes et uniformes en sortaient, réclamant le magot – sauf que ceux-là, il les connaissait et que la caisse du jour était déjà partie… La plaisanterie coûta quelque 1,4 million de yuans au socialisme !

Le directeur de l'agence promit une prime de 50 000 yuans à quiconque permettrait de retrouver les coupables. Mais il ne se fit pas d'illusions – les truands étaient déjà loin. Depuis des lustres, en effet, Wenzhou est passée maîtresse en filouteries (voir histoire précédente). Trois ans avant, d'autres truands – ou étaient-ce les mêmes ? – avaient fait main basse sur quatre sacs remplis de 7,5 millions de yuans en espèces, substitués à des sacs copies conformes, chargés d'ordures et de vieux papiers. La police cherche encore les traces des uns et des autres !

21 mai 2001

雪上加霜

xuě   shàng   jiā   shuāng

鸡蛋里挑骨头

jī   dàn   li   tiāo   gǔ   tou

«Le givre s'ajoute à la neige»
«Chercher des os dans un œuf»
ou Ajouter l'insulte au crime

La pression sociale sur les femmes seules, en Chine, est souvent intolérable. Plus encore si elles ont un enfant à charge et un métier mal payé. Tel était le cas de Mme Li, employée qui vivotait sans aide matérielle ni morale, seule avec son fils Luoxi, collégien de quatorze ans, depuis que le père les avait abandonnés quelques mois après sa naissance.

Pour tout bien, Mme Li possédait un deux-pièces minuscule. Pour améliorer leurs moyens d'existence, en 1994, comme tant d'autres, elle quitta son emploi pour se mettre à son compte, emprunta 30 000 yuans à un «ami» et ouvrit une scierie.

Un an plus tard, l'affaire commençait à rapporter lorsqu'un incendie catastrophique réduisit son investissement en cendres. C'en était trop pour Li, qui estima alors avoir consumé son capital de chance pour cette vie-ci : plus rien ni personne ne viendrait l'aider à remonter la pente. Elle ne parvenait plus à payer les mensualités du collège. Ayant quitté tout langage amical, l'usurier lui réclamait le remboursement de sa dette, qui avait plus que doublé, quoiqu'elle eût depuis remboursé l'équivalent du capital.

Une très ancienne croyance existe en Chine, aussi infondée qu'indéracinable : quand on se suicide sous la pression d'une injustice ou pour une cause valable, l'empereur, le socialisme ou la société doivent rectifier le tort, pour le prix de cette mort. Le 3 novembre 2001, elle choisit donc de quitter ce monde, laissant à son fils pour tout viatique ce message noir : « Tu es grand maintenant… »

Lourde erreur ! C'est alors que foulant du pied la tradition, le créancier mit l'orphelin en demeure, par voie d'huissiers, de quitter son misérable bien, en recouvrement de la dette maternelle. Dehors, dans la nuit, il faisait moins quinze degrés. C'était bien le *xuě shàng jiā shuāng*, « sur la neige, faire tomber le givre » (ajouter l'insulte au crime).

Voilà pourquoi le *Journal des femmes* est venu s'interposer dans cette vilaine affaire, espérant trouver quelque solution, un sponsor industriel, un ponte communiste pour *jī dàn lǐ tiāo gǔ toú* chercher des poux dans la tête du prêteur sur gages, tout en assurant l'avenir du jeune. Mais qu'on ne se fasse pas d'illusions : en Chine, pas plus qu'en Occident, le tribunal ne privilégie les sentiments sur les dettes et les papiers timbrés !

Sous les meilleurs auspices possibles, il est envisageable que le jeune Luoxi trouve, grâce à la presse, des études payées jusqu'au bac, voire en fac – à condition d'y obtenir toujours les meilleurs résultats ! Mais qu'il reste propriétaire du taudis, personne en son bon sens, en ce pays, n'irait miser un yuan là-dessus.

10 décembre 2001

VII

«J'en ai rien à fiche!»
Mort de l'idéologie

不在乎

bù   *zài*   *hu*

八路军糊弄共产党

bā   lù   jūn   hù   nòng   gòng   chǎn   dǎng

« La Huitième Armée se moque du Parti communiste ! »
ou L'hôpital se moque de la charité !

Insatisfaite mais imprescriptible, une des demandes lancinantes de l'opinion concerne l'intégrité de l'administration : ambiguë dans ses fidélités, écartelée entre service du Parti (dont tous ses hommes sont membres) et celui du peuple, elle ne résiste pas à la corruption. Aucune branche n'est indemne – ni la santé, ni l'armée, ni l'éducation, ni les mairies. Dans ce milieu trouble, de branche à branche, on se dénonce à qui mieux mieux. Comme le dit ce proverbe moderne, c'est *bā lù jūn hù nòng gòng chǎn dǎng*, « la Huitième Armée [1] qui se moque du Parti » !

De juin à décembre 2001, plus de cent fonctionnaires à travers la Chine centrale reçurent une lettre malveillante. Paraphées d'un mystérieux « Centre Holmes de détection en

---

1. La plus célèbre des armées rouges chinoises, s'étant illustrée face à l'envahisseur nippon (1937-1945) avant d'être refondue en 1946, en l'Armée populaire de libération et d'offrir le pouvoir au PCC trois ans plus tard.

Chine», les missives suggéraient d'embarrassantes peccadilles, sur lesquelles on offrait généreusement de passer l'éponge, moyennant le transfert d'une petite somme sur un compte bancaire à numéro.

Il se trouva un fauteur pour se rebeller. La presse ne s'étend pas sur son identité : soit sa fredaine était imaginaire, soit l'accusé disposait d'amis assez haut placés dans la nomenklatura pour riposter en toute discrétion ! L'affaire fut donc confiée au ministère de la Sécurité d'État (le «KGB» chinois) qui remonta sans peine jusqu'au corbeau aux yeux bridés.

Surprise ! Ce dernier n'était autre que le directeur du bureau de Défense de la «société spirituelle socialiste» de Luoyang (Henan), structure nationale instaurée par Jiang Zemin en personne, afin d'accélérer l'édification des sphères directionnelles du Parti. Sa charge lui donnait accès aux fiches individuelles des hauts cadres, soumis comme tout le monde à un espionnage très efficace, mais innocent : tout était su, mais tout était tu – jusqu'alors !

Or le directeur avait des besoins élevés en numéraire, afin de satisfaire aux exigences (incompatibles avec sa paie) de sa maîtresse… Il menaçait donc de lever le voile, violant la loi du silence !

Aux enquêteurs qui le sommaient de se justifier, le maître chanteur invoqua l'amour et la modicité honnête des cachets réclamés. Il rappela par ailleurs que vingt ans auparavant, Deng Xiaoping avait donné au pays la consigne d'innover et d'expérimenter afin de réformer le pays : le directeur s'y était mis de tout cœur, et si on lui en laissait le temps, sa méthode produirait – peut-être – des résultats inespérés sur la meilleure manière de tenir les responsables à l'écart des chemins du vice !

8 janvier 2001

指桑骂槐

zhǐ   sāng   mà   huái

« Montrer du doigt le mûrier pour engueuler l'acacia »
ou Insulter par procuration

Comment faire éclater publiquement son exaspération dans une société patriarcale qui réprime toute critique contre l'État ? La question se confond avec la plus vieille problématique de la Chine moderne, celle de l'influence la plus grande, entre l'autoritarisme stalinien et le paternalisme confucéen. En tout cas, l'ultime défense du régime, celle qui permet sa survie, est le ban universellement respecté, de sa contestation frontale.

Il y a pourtant de quoi critiquer. La société chinoise vit une contradiction poignante entre ses motifs de rage (pollution des villes et des campagnes, santé incertaine, inégalités, mensonge et lâcheté de l'appareil du Parti, médiocrité de l'éducation et des services publics, corruption galopante) et l'interdiction d'en parler.

Pour faire face à ce décalage, des techniciens chinois boutonneux et sans complexes gagnent beaucoup d'argent en inventant des palliatifs, sous forme de programmes informatiques de vengeance sublimée.

FM365.com, le site internet, s'est taillé un franc succès, en offrant en ligne une version virtuelle des jeux de massacre de notre enfance, dans lequel l'internaute peut exécuter des fonctionnaires notoirement corrompus. Ainsi, une marionnette à l'effigie de Chen Kejie, l'ex-vice-président de l'Assemblée nationale populaire liquidé pour fraude en 2001, traverse l'écran en courant, avec sa maîtresse blonde dans une main et une valise de dollars dans l'autre.

La Chine n'ose pas porter sa contestation plus loin : aucune version de ce jeu ne pousse l'audace à emprunter les traits de Jiang Zemin ou de Li Peng, personnages autrement impopulaires, mais vivants et toujours puissants. Aussi la rue rabat sa pulsion destructrice sur des cibles moins risquées : depuis l'Antiquité, on appelle cette pratique dérisoire *zhǐ sāng mà huái,* «montrer du doigt le mûrier pour engueuler l'acacia».

Autre service fort prisé que l'on trouve sur la toile chinoise : femmes délaissées, employés brimés, fournisseurs impayés et citoyens roulés peuvent faire téléphoner anonymement à leur ennemi, à toute heure du jour ou (de préférence) de la nuit, pour lui roucouler toutes sortes de noms d'oiseaux et d'offres oiseuses, comme celle d'empoisonner son chat ou d'attenter à sa vie par mille moyens imaginatifs et innovants, mais désagréables.

Le service en coûte deux yuans la minute. Une version identique est offerte par télémessagerie (SMS). Après que le *Journal de la jeunesse* eut révélé l'adresse internet de ce nouveau petit métier, il disparut sur ordre de police. Mais pas pour longtemps : la forêt vierge virtuelle chinoise est la plus touffue du monde et le marché des frustrations, inépuisable !

26 mars 2001

自 得 其 乐

zi   dé   qi   lè

« On s'octroie le plaisir
à soi-même »
ou **Le peuple veut rire !**

Tandis que Jiang Zemin manœuvre toujours, depuis sa fausse retraite, pour relancer son increvable campagne des « trois représentativités du Parti communiste » pour la quatrième année, le peuple demeure unanime dans sa volonté de se détourner de toute chose idéologique.

Les provinces et les gens assez heureux pour avoir trouvé place à bord du train de la croissance ne pensent qu'à s'enrichir, tant que cela dure. Les autres travaillent avec acharnement pour inverser leur sort, et/ou s'abandonnent à la fatalité et à la grogne.

Est-ce tout ? Pas tout à fait ! Depuis 2001, un autre schéma vient se superposer, réconciliant les nés coiffés et ceux en guenilles : en divers points de Chine apparaît un principe nouveau et apolitique : « Mettez un clown dans votre moteur. »

Mengcheng, dans l'Anhui, première préfecture nationale pour l'élevage bovin, a invité

Niu Qun, célèbre acteur de bouts rimés[1], à partager son existence, le temps d'un mandat de maire-adjoint. Niu Qun a accepté. Il faut reconnaître que l'acteur était prédestiné par son identité, portant le nom de « Vache » et pour prénom « Troupeau ». « Le rire est mon métier – je vous transporterai de joie ! » – dès son discours d'intronisation, le comique troupier a voulu ragaillardir ce canton d'éleveurs et leur prouver avec quel sérieux coluchien il comptait relever le défi démocratique de son nouveau métier.

Niu Qun n'est pas le seul à avoir connu cette ascension météoritique : au moins deux autres cas viennent d'être signalés – et sans doute beaucoup plus se produisent, dans l'ombre. Un canton du Henan offrit une position de secrétaire du Parti à Liu Xiao Ling Tong, l'inoubliable interprète de Sun Wukong le roi des Singes dans un feuilleton télévisé[2]. Liu Xiao Ling Tong refusa, par humilité : il ne pensait pas pouvoir leur apporter la prospérité.

De même, la toute rigoureuse université des technologies de la défense tenta d'offrir à l'humoriste Zhao Benshan rien moins que sa chaire d'idéologie. Mais à peine la lettre d'invitation envoyée, ce fut le tollé au sein des instances de direction : ne plus croire en Marx au sein d'un tel établissement stratégique (et qui touchait à la conscience, comme à la défense de la Nation) était déjà assez grave. Mais proclamer sur un mode burlesque cette déchéance, en faisant brocarder l'idéologie par un comédien, confinait à la trahison antisociale, au moins du point de vue de quelques barbes vieilles ou timorées. L'idée fut donc remisée – à défaut de pouvoir remiser le besoin, pour le système, de se réoxygéner !   23 juillet 2001

---

1. Métier fort prisé en Chine, qui consiste à se mesurer sur scène dans des concours de dialogues en quatrains improvisés.
2. Cycle d'aventures tirées du *Voyage à l'Ouest*, dont les personnages sont aussi universels en culture chinoise, que ceux de Donald le canard dans nos contrées.

饱经风霜

bǎo   jīng   fēng   shuāng

«Qui a enduré jusqu'au bout le vent et le givre»
ou **Monsieur-la-Poisse**

Bǎo jīng fēng shuāng, dit le proverbe, pour celui qui a «tout enduré, tout souffert, tout perdu et tout pleuré» – l'éternel perdant. La définition convient à Qin Kaiyuan, dont la vie ne fut pas parsemée de pétales de rose.

«Jeune intellectuel» à dix-sept ans, ce qui dans les années 1960 n'était pas un compliment, il fut oublié quinze ans dans une ferme populaire du Guizhou. Démobilisé à trente-deux ans, il se retrouva à Pékin sans jeunesse, ni métier ni piston et ne trouva pour subsister qu'un job minable de boutiquier. Son mariage fut un désastre : après trois ans, sa mégère s'envola pour une autre ville, avec un autre homme et leur enfant.

Ce n'est qu'à cinquante ans révolus que la chance lui sourit : la mairie lui versa 12 000 euros d'expropriation pour son appartement à Zhong Guan Cun. C'était le moyen de repartir à zéro... Au lieu de racheter sur place, comme tout le monde, un F2 à prix

183

subventionné, Qin plaqua tout en mai 2001 pour son Guizhou, dont il se languissait. À Kaili, il s'installa avec son investissement, quinze chiens de race. Qin avait cru trouver l'idée géniale avec cet élevage, combiné à des services de gardiennage des villas des nouveaux riches…

Mais la guigne veillait, fidèle au poste : en septembre à l'aube, sa miction matinale fut dérangée par des vagissements sortant d'un carton derrière les vespasiennes. Il l'ouvrit imprudemment : deux paires de grands yeux affamés le regardaient. N'écoutant que son cœur, il recueillit ces fillettes faibles mais bien vivantes, au prix du repos de sa vie.

Lâchement, le bureau de la Population feignit de le soupçonner d'être le père et les lui laissa sur les bras. Sa recherche des parents demeura vaine. C'étaient des jumelles d'ethnie Miao de trois semaines, lui confirma le médecin. Il n'eut plus, avec son assistant, qu'à jouer à *Deux hommes et un couffin*, apprenant l'art des langes et du biberon, des nuits blanches et des dîners hurleurs.

Sa fortune y passa. Délaissés, les chiens crevèrent. Impayé, le valet joua les filles de l'air. En mars 2003, Qin retourna à Pékin démuni, avec ses filles de deux ans sans identité officielle.

Ému, un ami lui prêta encore trois sous qu'il plaça sans délai dans une autre affaire « en or », un élevage de cactus pour restaurants qui, entre l'ultime gelée de l'année et le SRAS, s'empressa de péricliter.

Aujourd'hui, Qin Kaiyuan cherche pour ses filles une famille d'accueil, mais refuse tout le monde, exigeant une adoption en bloc : « Si rien ne va mieux, dit-il, philosophe, on restera tous les trois – on trouvera toujours de quoi vivre. » *Jinghua Shibao* publie la saga, avec pour légende : « Tout est perdu, sauf l'amour » !

9 juin 2003

世外桃源

shì 　　wài 　　táo 　　yuán

« Un jardin des pêchers
hors du monde »
ou Le paradis n'est pas de ce monde ! (1)

Protégé dans l'écrin des monts Himalaya, entre versants de neiges immaculées et lacs bleutés, se cacherait le paradis sur terre, à en croire la légende apocryphe : une vallée riante de verdure, de cascades pures, de sources chaudes et de monastères abriterait une petite république d'hommes et femmes d'élite, rendus immortels par la méditation : Shangri-la… ou Shambala, l'étape finale et invariablement inaccessible de nombreuses écoles bouddhistes, en quête de sanctification par l'ascèse.

Cependant, par décret du 18 mars 2002, le Conseil d'État vient de renier la définition antique du paradis – *shì wài táo yuán,* le « jardin des pêchers de l'au-delà » et d'annexer le concept de Shangri-la.

Dès 1997, la préfecture de Zhongdian (Yunnan) avait décidé de troquer son nom séculaire pour celui de *xiāng gé lǐ lā,* translittération de Shangri-la. Le gouvernement vient d'entériner ce coup sémantique, qui suscite une levée de boucliers entre Inde, Népal, Bhoutan et Sikkim. Ces pays revendiquent tous ce mythe asiatique, voire universel, et dénoncent la tentative chinoise de mainmise sur lui.

Hors de Chine, l'appropriation n'est défendue que par un professeur Cheng, de Taipei : selon lui, Shangri-la ne serait qu'une invention d'un romancier populaire américain, James Hilton, qui le décrivit pour la première fois dans son roman *Horizon perdu*, par la suite adapté en film. Or, Hilton se serait inspiré, dans son immense succès populaire de 1933, du décor de la vallée de Zhongdian… Il ne serait que justice, selon l'historien insulaire, que Zhongdian se voie légaliser sa maternité !

Mais que l'on se rassure : Zhongdian-Shangri-la sera peut-être le paradis des tours opérateurs, mais pas celui des amoureux de la nature ni des mystiques. L'estivant européen y trouvera des restes de forêt primaire déjà dégradée, des cascades et lacs à peu près purs, à condition de détourner les yeux des peaux d'oranges et boîtes vides de pellicule Kodak ou Fuji. Il se bouchera les oreilles aux porte-voix des guides menant tambour battant leurs escouades de touristes.

Rien qui ressemble de près ou de loin au jardin d'Eden qui, faut-il le rappeler, n'est pas de ce monde !

15 avril 2002

紫气东来

zī   *qì*   *dōng*   *lái*

« Un flot de brouillard pourpre vient de l'est ! »
ou **Le paradis (mystique) n'est pas de ce monde ! (2)**

Désireuse d'échapper à ses affres de membre de l'Organisation mondiale du commerce et de la quête ennuyeuse d'une introuvable identité communiste, la Chine vient de recevoir une plage de rêve estival, une fois n'est pas coutume, *made in USA* : Weihan Culture & Media, maison pékinoise de productions télévisées, vient de sortir le clone local du jeu qui est la coqueluche d'outre-Atlantique, *Survivor*.

À travers les cinq continents, chaque pays cuisine *Survivor* à sa sauce propre. L'original yankee associait le travail d'équipe et l'individualisme militaire, genre Travolta. En France, *Koh Lanta* pour TF1, *Opération Séduction* pour M6 ont misé sur un déshabillage (vestimentaire et émotionnel) d'éphèbes des deux sexes dans un décor insulaire et tropical.

En Chine, la formule yankee fut recopiée avec discipline : des candidats de tous âges, aux caractères les moins bien assortis, furent plongés dans l'univers le plus épineux et ingrat, condamnés à se supporter avec pour tout viatique un kit spartiate de survie (dix allumettes pour dix jours), sous l'œil indiscret de dizaines de caméras vinst-quatre heures sur vingt-quatre.

Une nuance de taille fut introduite : renommé «Shangri-la», le jeu fut situé dans la vallée mythique entre Yunnan et Sichuan, à l'ouest du pays, décrite en page 185. En culture chinoise, cette localisation lui donne la dimension d'un pèlerinage initiatique et d'un retour aux sources. Dans le roman classique du *Voyage à l'Ouest*, le moine Xuan Zang part en Inde à la recherche des textes sacrés, pour sauver le pays de la décadence. Dans l'histoire, le sage Laozi orienta vers l'Inde son dernier voyage : entre Henan et Shaanxi, il fut retenu par un mandarin, le temps de rédiger son *Dao De Jing*, livre de la voie, une des bibles de ce pays – son legs. Puis Laozi reprit sa route et disparut pour toujours. Suite à de tels exemples, dans l'inconscient chinois, la sagesse salvatrice se trouve «à l'ouest» !

Le succès de Shangri-la fut immense. Lors de la sélection des dix-huit joueurs, pas moins de deux cent mille candidatures affluèrent, à l'appel du proverbe *zǐ qì dōng lái,* «un brouillard pourpre vient de l'est !», invitation à l'illumination. À travers le pays, cent dix chaînes de TV et cent trente-deux sites internet suivirent les tribulations des trois équipes, durant trois semaines de juillet, chaque jour cinquante minutes en direct.

Un candidat de trente-sept ans résumait l'attente générale – «Le Shangri-la représente la bonté et la compassion dans mon cœur…» La Chine de la base exprimait son attente de valeurs nouvelles et sa fatigue sous le registre spirituel, face au silence stérile du matérialisme historique, que l'enrichissement individuel ne parvient pas à combler.

25 juin 2001

张冠李戴

zhāng　　　guān　　　lǐ　　　dài

«Faire porter à Li
le chapeau de Zhang»
ou **Se moquer éperdument
du sort des autres!**

Quand, le 27 février 2003 dans les faubourgs de Youlan (Jiangxi), d'un geste impérieux de bâton lumineux rouge et blanc, la patrouille volante intima à Liu Zhujiang de rejoindre la file des véhicules en cours de contrôle sur le bas-côté, le taxi sut qu'il était en de mauvais draps.

Pas d'erreur, moins d'une heure après, il se retrouvait au commissariat, brutalisé, insulté puis menotté à un banc vingt-cinq heures durant. Accusé de crimes vieux de deux ans, Liu était pourtant innocent. Le hasard s'était complu à faire naître, le même jour à Youlan, deux enfants enregistrés sous le même état civil, date et lieu de naissance, nom et prénom. L'un était devenu taxi indépendant, l'autre avait sombré dans le monde de la délinquance. Contre ce dernier, la police de Xihu avait émis un avis de recherche aux sommiers. Priés de transmettre son dossier, les pandores de Youlan avaient épinglé le premier Liu Zhujiang venu – le compte était bon.

Si Liu-le-Taxi savait à quoi s'en tenir ce matin-là, c'est que quatre mois plus tôt, on lui avait déjà passé le film : arrêté à Xihu, on l'avait relâché de longues heures plus tard, une fois l'erreur reconnue, après confrontation avec ses victimes supposées.

Mais cette fois-ci à Youlan, la malchance ne quitta plus Liu. Fort classiquement et n'écoutant que leur courage, les commissaires des deux villes s'entendirent pour faire la sourde oreille à leur victime, qui les priait de faire gommer au grand ordinateur cet avis de recherche : ç'aurait été mettre la police des polices sur la trace d'une faute professionnelle et compromettre leur avancement. Ce qui pouvait être évité à peu de frais – en faisant *zhāng guān lǐ dài*, « faire porter à Li le chapeau de Zhang ».

Libérant Liu le chauffeur le lendemain – après que sa famille et ses amis furent venus le réclamer en foule –, le commissaire lui remontra que la police avait fait son devoir en l'arrêtant et que la gestion des sommiers, à Pékin, n'était en aucun cas son problème. D'ailleurs, la faute en revenait aussi à cette fâcheuse manie chinoise de limiter ses noms de famille à une centaine (cf. note page 192). En fait, Youlan comptait non pas deux, mais cinq citoyens au nom de Liu Zhujiang. S'il n'était pas content, qu'il change de nom – et s'estime heureux de s'en tirer à si bon compte !

Trois mois plus tard, toujours sous le coup de sa procédure de recherche, Liu a revendu sa voiture et cherche du travail dans une autre ville. Son homonyme le gangster coule des jours heureux dans le village voisin, où il a déménagé par mesure de prudence, des fois que la police se mettrait à rechercher les vrais bandits. On n'est jamais trop prudent…

25 mai 2003

名正言顺

míng   zhèng   yán   shùn

« Un nom officiel pour parler correctement ! »
ou **Un nom pour chaque chose et chaque chose à sa place !**

Une des exigences antiques de l'État chinois défini par Confucius est d'appeler chaque chose par son nom : *míng zhèng yán shùn*, « un nom juste pour chaque chose ». Elle le fait pour gérer son image future – le nom d'aujourd'hui est la conscience de demain, conservatrice par essence. Plus que jamais, Pékin consacre une énergie précieuse à régenter la manière dont les gens veulent s'appeler.

Le patron pékinois avait nommé son restaurant Chez Deng et flanqué deux grands chats blanc et noir à l'entrée, allusion transparente à l'adage du leader : « Peu importe qu'un chat soit blanc ou noir, pourvu qu'il attrape la souris ! » La capitale ne manque pas de restaurants dédiés à Mao. Bizarrement, ce que la police tolérait pour le Timonier, elle l'a refusé au Patriarche. Le 2 novembre 2001, elle ferma l'établissement, l'accusant de manque de respect envers Deng

191

Xiaoping: 醉翁之意不在酒 *zuì wēng zhī yì bù zài jiǔ*, «ce qui attire le vieillard ivre, n'est pas le vin». La référence malicieuse aux chats de Deng persiflait l'État – on frisait la dissidence.

Pour justifier la vigilance administrative, il faut dire que cette prétention normative entraîne un effet pervers. Chacun tente de s'y opposer en repoussant au maximum les limites, par l'invention de noms scabreux. C'est ainsi qu'à Lanzhou (Gansu), un bistroquet attira les foules musulmanes par sa nouvelle enseigne, Aux nouilles Ben Laden : magnanime (ou prudente), la police se contenta de le forcer à reprendre son ancien nom, sans autre forme de sanction.

Le problème des enseignes se retrouve dans les noms d'individus. Autant la Chine est sclérosée dans ses noms de famille fixes depuis des siècles[1], autant elle se rattrape dans les prénoms, dont la variété est illimitée. En juillet 2003, la Commission d'État à la langue et à l'écriture a mis le holà, en imposant à tout nouveau prénom un quota de dix mille caractères valides et en bannissant cinquante mille autres. De toute manière, remarque-t-elle pour justifier son oukase, les plus lettrés des Chinois ne parviennent que rarement à maîtriser plus de sept mille caractères.

Cette tentative de légiférer sur les prénoms, n'a pas que des raisons culturelles, mais aussi techniques – il s'agit de permettre la reconnaissance informatique. Elle vise aussi la protection des Chinois de demain contre des noms durs à porter, tels «Sadam-Deng-Sars», «Jeuzazes» (pour «jeux asiatiques»)

---

1. Par l'expression de *lǎo bǎi xìng*, qui désigne le petit peuple, la Chine estime n'avoir que cent noms de famille, ce qui est très peu pour 22 % de l'humanité. C'est ainsi que le clan mythique des Li, celui de Li Peng, comptait en 2001 quatre-vingt-sept millions de rejetons !

ou «Jeuzoles» (pour «Jeux olympiques»), que des parents tentèrent, parfois avec succès, d'infliger à leurs enfants. Enfin, au plan idéologique, l'État-Parti maintient rigidement sa garde contre tout nom rappelant l'ère coloniale (genre «Formose») et des myriades de prénoms d'origine obscure, régionale, clanique ou mafieuse !

12 novembre 2001

心有余而力不足

xīn　　yǒu　　yú　　ér　　lì　　bù　　zú

«Même de toutes ses forces,
y' peut plus !»
ou **Avachie par ses privilèges !**

Les rendez-vous des Olympiades
pékinoises de 2008 et de l'Exposition
universelle à Shanghai en 2010 réveillent, dès
2001, chez la police shanghaïenne, des
nostalgies de forme physique – il était temps :
alourdis par bourrelets et brioches, le souffle
court et le cœur faible, ses quarante et un mille
agents ont du mal à combattre les bandits, plus
encore leur courir après. Un demi-siècle de
bombance quotidienne aux frais du socialisme
met en péril leur force de frappe.

En conséquence, suite aux ordres tombés
du sommet, dès le 20 février, cinquante
limiers parmi les plus diminués, parmi
lesquels trois obèses, furent transférés dans
un camp de manœuvre militaire pour dix jours
d'enfer. Comme au bon vieux temps de leurs
classes, ils durent se lever à 6 heures, se
coucher à 21 heures 30, ayant dans l'intervalle
alterné les cent, huit cents et quinze cents
mètres, les pompes et massacrantes séries

d'abdominaux. On les astreignit même, traitement fatal, à des séances de close-combat.

Pour faire diversion, ils furent assujettis au bon vieux parcours du combattant, sous l'œil goguenard des instructeurs de la police armée, leurs vieux rivaux d'origine militaire à présent chargés de leur remise en jambe et qui n'étaient pas susceptibles de leur faire de cadeaux.

Afin d'éviter jambes cassées ou arrêts cardiaques, ce stage liminaire fut limité aux gendarmes de moins de trente-cinq ans. Mais d'ici fin 2003, tous devaient y passer – histoire de se faire de nouveau respecter et que proxénètes, pickpockets, prostituées et joueurs de bonneteau ne les regardent plus de si haut, murmurant sans cesse : *Xīn yǒu yú ér lì bù zú* – « Même en le désirant de toutes leurs forces, y' peuvent plus ! »

26 février 2001

蜩 螗 沸 羹

tiáo   *tāng*   *fèi*   *gēng*

«Jeter les mantes religieuses dans la soupe»
ou **Faire un gros caprice**

Le 26 décembre 2001, à Wuhan (Hubei), grosse métropole de Chine de l'intérieur (cinq millions d'habitants), un certain Wang Sheng fit tracter par une vache une Mercedes coupé SLK 230, puis, devant une kyrielle de média locaux, la fit aplatir à la masse. Non loin de la scène, les forces de l'ordre assistaient passivement. Tout était en ordre : c'était son propre bolide que le play-boy réduisait ainsi à l'état d'épave.

Pour la bagatelle de 800 000 yuans, le jeune s'était offert un an plus tôt cette fantaisie, payée au nom du (et sans doute aussi aux frais du) jardin zoologique, dont il était le président. Tout de suite après, l'histoire d'amour entre l'acheteur et Mercedes avait tourné court : Wang se plaignait d'un défaut d'allumage.

Comme il sied à tout constructeur sérieux, s'agissant d'un modèle de luxe, par cinq fois en douze mois, Mercedes dépêcha ses mécaniciens, qui démontèrent le moteur, changèrent

196

les bougies, nettoyèrent le carburateur... En vain ! Ils ne trouvèrent qu'un encrassement récurrent, dû à l'usage d'un carburant mal raffiné.

Au fil de ces mois de blocage, les exigences de Wang montèrent alors que s'épuisait la patience du constructeur. Quand Wang Sheng émit l'ultimatum qu'on lui reprenne le véhicule et lui rende son argent, le représentant de l'étoile à trois branches estima que la plaisanterie avait assez duré et lui opposa une fin de non-recevoir.

Furieux qu'on ose lui résister, le propriétaire alors grilla ses fusibles et alla *tiáo tāng fèi gēng*, « jeter les mantes dans la soupe [1] », c'est-à-dire cracher dans la soupe en détruisant son joujou. Puis il se donna beaucoup de mal, en battant le rappel de ses copains *gāo gàn zǐ dì* (fils des hauts cadres du Parti), entre Wuhan, Pékin, Ningbo, Shenzhen, Xi'an et Zhuhai, pour constituer un comité national des propriétaires de Mercedes insatisfaits. Non sans sagesse, Mercedes, qui n'avait rien à y gagner, a étouffé l'affaire, sans céder au chantage du jeune homme riche, évoquant une vague menace de procès en diffamation si les choses allaient trop loin. La presse n'en dévoila pas plus. Y avait-il autre chose par-derrière ? S'agissait-il d'une vengeance de mafia ? De détournement de fonds ? Pourquoi un zoo, institution notoirement désargentée en Chine, devrait-il s'offrir, puis détruire un tel objet de luxe ? Autant de questions sans réponse.

Ce qui est ressorti de cette histoire, est l'expression d'un sentiment anti-étranger parmi les rejetons de l'aristocratie rouge. Ceux-ci veulent bien de la politique d'ouverture tant qu'elle

---

1. Avec sa forme allongée et ses quatre membres, la mante est le symbole de l'homme nu et sans défense. La jeter dans la soupe signifie tuer l'homme, tout en gâtant le brouet – faire une grosse colère sans le moindre avantage pour quiconque.

consolide leurs privilèges, mais ressentent le monde extérieur comme une menace et une rivalité. On a aussi pu observer la passivité de l'administration, d'ordinaire plus sourcilleuse face à toute manifestation, mais qui se montre ici sous son vrai jour : au service de la classe dominante !

14 janvier 2002

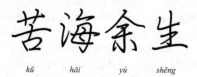

苦　海　余　生

kǔ　　hǎi　　yú　　shēng

«Dernier survivant
dans la mer amère ! [1] »
ou **Se débrouiller, seul contre tous…**

Kǔ hǎi yú shēng, «le dernier à survivre
dans la mer amère», définit l'esprit du totalitarisme subi. Quand sont éradiquées politesse
et entraide, qualités «bourgeoises», seule
compte la survie seul contre tous. La violence
progresse en Chine de 10 % par an, chiffres
officiels. À la maison, dans les trains, en entreprise, dans l'État, les gens et les clans se
détruisent pour protéger leur pré carré :

– Le 31 décembre 1999, Zhang, couturière,
monta à Dongguan (Canton) voir sa mère.
Dans un supermarché de la chaîne Aijia, elle
fut accusée de vol à l'étalage. Pour ce secteur
déficitaire, la fauche est un mal intolérable :
dans les entrailles du magasin, quatre gardes
isolèrent la jeune femme enceinte de sept mois,
et l'un d'eux, au couperet, lui trancha quatre

---

1. Ce proverbe a une très belle variante taoïste :
苦海无边回头是岸 *kǔ hǎi wú biān, huí tóu shì àn,* «la
mer d'amertume n'a pas de limites, mais le rivage est
derrière ta tête».

doigts… Charia socialiste ! Puis l'affaire fut étouffée par une direction prompte à réagir vite et bien. Pour 20000 euros transmis de la main au moignon, le procès fut évité. Le vigile disparut – soustrait sans doute par la firme aux griffes molles de la justice.

– À Ganyu (Jiangsu), pour remplir leur quota de recettes fiscales, les percepteurs rédigent les déclarations d'impôts en lieu et place des villageois, puis viennent se servir par force. Au village de Fan, ils avaient évalué le revenu moyen à 2340 yuans/an, quatre fois plus haut que la réalité : le 11 janvier 1999, Li Dacheng, le famélique instituteur du village, fut bastonné à mort, faute de pouvoir payer.

– En juillet 2003, Chengdu (Sichuan) apprit l'intolérable décès d'une fillette de trois ans. Toxicomane, la mère vivotait de vols à l'étalage et de prostitution. Sortie se procurer sa dose quotidienne, elle avait enfermé à clé son bébé. Les policiers l'arrêtèrent et l'envoyèrent illico en camp. Elle leur dit l'existence de la petite fille et les pria de lui laisser le temps de la placer chez une voisine. Ils refusèrent. Rien n'y fit, même ses supplications à genoux : l'enfant mourut d'inanition. Enfin, après des tentatives pour étouffer l'affaire, deux policiers furent écroués et cinq chefs suspendus.

Vingt ans de régime hybride socialiste et ultralibéral ont fait renaître en Chine la lutte des classes. La violence est symptôme et dernier recours, ersatz du dialogue interdit. Le Parti communiste se pose en obstacle direct au progrès. Sous la vieille peau casernale toujours plus archaïque, une société avancée bourgeonne. Faute de pouvoir exprimer ses besoins, chaque force sociale surnage dans la mer amère de l'indifférence de tous. Paradoxalement, pourtant, cette situation offre un avantage : l'arbitraire est source de créativité et d'initiative individuelle, dont la France a oublié la source : promesse de rebond !

17 janvier 2000 et 11 juillet 2003

烟云过眼

yān   *yún*   *guò*   *yăn*

« La fumée et le nuage disparaissent sous les yeux ! »
ou Prendre la poudre d'escampette

Cinq années de campagne *yán dă* (« frapper fort ») de la police contre le crime ont explicité l'échec du président Jiang Zemin dans la lutte contre la violence : cinq mille exécutions par an selon Amnesty International, voire quinze mille selon des sources internes au Parti [1], n'ont pas enrayé le retour des triades, ces sociétés mafieuses dites « des trois harmonies », telles Sun Yi On, l'Union du bambou où K14, qui avaient disparu de Chine pendant les quarante premières années du socialisme : faute pour l'État de mener une réflexion sérieuse sur la manière de fonctionner de cette société de l'ombre, la pieuvre a eu tout le temps de se renforcer dans les villes du pays, en se nourrissant des rackets de la drogue, de la

---

1. De tels chiffres placent la Chine au premier rang des nations pratiquant la peine de mort, en valeur relative comme absolue.

prostitution, du kidnapping et de la protection des petits commerces.

Ce n'est pas que ces individus soient infaillibles, tant s'en faut – comme on va voir. À Guiyang (Guizhou), territoire méridional et enclavé, que l'arriération rend idéal comme zone d'incubation de la pègre, vingt malfrats fondèrent ensemble en 2001 une triade dont le nom, «gang du Nuage», évoquait fortement une de ses raisons sociales, le «jeu (vénal) des nuages et de la pluie [1]».

Sous le totem de «Vieil Aigle», le parrain du Nuage avait inventé une méthode inédite pour recruter ses sociétaires, dont il ambitionnait de porter le nombre à deux mille : il suffisait de les kidnapper et de leur tatouer à l'épaule le sigle nuageux de la confrérie, pour faire évanouir en eux toute résistance. Un conditionnement de plus à leur métier futur consistait à abuser d'eux sexuellement.

Le système a bien fonctionné avec quelques âmes faibles, jeunes hommes et filles sans espérance dans la vie et pour qui «faire cela ou autre chose» était sans différence.

Un jour, les sbires tombèrent sur une employée d'hôtel qui se débattit comme une furie, résista comme elle put à tous les mauvais traitements et ne se rendit jamais.

À peine libérée de son calvaire, tatouée et déflorée, elle se précipita vers le commissariat. Le gang du Nuage avait joué de malchance : le commissaire n'était autre que l'oncle de la fille.

Même dans ces circonstances dramatiques, les pandores ne purent s'empêcher de pécher par incompétence, en mettant cinq grands jours à préparer le coup de filet. Cela explique en grande partie pourquoi tout le monde fut mis sous les verrous, sauf Vieil Aigle qui sut décoder à temps les signaux de fumée

---

1. Euphémisme classique pour «faire l'amour».

(peut-être aidé en cela par quelque complicité infiltrée) et *yān yún guò yǎn*, fit «disparaître du regard nuage et fumée» – il prit le large et vole encore !

22 octobre 2001

滥竽充数

làn　　yú　　chōng　　shù

« La fausse flûte est chassée de l'orchestre ! »
ou **Le juge indigne est démasqué**

Un soir de mars, le juge Song, du tribunal intermédiaire de Chongqing, fit croire à sa femme que la loi du mariage révisée, juste promulguée, tolérait désormais la bigamie : Song lui-même, en tant que magistrat, venait d'être désigné comme cobaye pour cette expérience juridique nationale. Il lui fallait donc trouver une amante – tel était le calvaire imposé aux serviteurs de l'État !

Naïve mais non point sotte, l'épouse n'y crut qu'après confirmation auprès de deux autres juges, de mèche. Même alors, elle négocia des conditions fort pertinentes. La *èr nǎi* (« deuxième poitrine », au sens traditionnel de seconde épouse) devrait avoir un emploi et contribuer au revenu du ménage. Ainsi la maison ne verrait pas baisser son train de vie. Au contraire, comme la femme du juge n'exerçait pas d'emploi, la fatigue de l'autre, le soir venu, devrait en bonne logique lui garantir la priorité au programme du repos du guerrier…

Ces points une fois acquis, convaincue qu'on n'est jamais si bien servie que par soi-même, la brave Mme Song se mit en quête de sa rivale idéale. C'est alors que la chance du juge tourna, quand elle rencontra inopinément un de ses collègues pas au courant, qui ne put que déniaiser l'épouse en lui dévoilant le pot aux roses : Song était confondu, comme le faux flûtiste de la légende, qui polluait l'orchestre sans qu'on parvienne jamais à localiser la source des couacs, jusqu'à ce que le chef le démasque en auditionnant chaque musicien séparément ! Réalisant son ridicule, l'épouse du magistrat retourna en ses pénates, afin de préparer à son mari l'accueil qu'on imagine, son rouleau à *jiǎo zi* [1] solidement serré dans ses mains.

Un malheur ne vient jamais seul : l'aventure fit bien des gorges chaudes à travers la ville et parvint jusqu'aux oreilles du président du tribunal, qui ne put laisser passer un tel relâchement des mœurs parmi son personnel ; il convoqua Song pour lui administrer un blâme, l'avertissant qu'au moindre soupçon de libertinage à l'avenir, il risquait sa place : on ne badine pas avec la loi, moins encore la morale du Parti !

7 mai 2001

---

1. Raviolis chinois (il n'y a pas de rouleaux à pâtisserie en Chine).

掩耳盗铃

yǎn   *ěr*   *dào*   *líng*

« Se boucher les oreilles pour voler la cloche »
ou **Le vice invétéré**

L'embauche de faveur dans les hôpitaux ou dans les postes, est en Chine aussi antique que l'administration – dont elle est le berceau. Ce népotisme explose depuis quinze ans, cause première de l'érosion du revenu des campagnes : pour garder un semblant d'influence au village, malgré la disparition rapide des cellules et le retour des pratiques claniques, le Parti a recruté à tour de bras ses fidèles et leurs obligés – quitte à s'enrichir en vendant les charges. Le personnel a donc doublé dans les organisations de contrôle des masses, offices de l'eau, des grains, du contrôle des naissances et de bien d'autres, forçant ces instances à prélever des taxes imaginaires qui saignent à mort le paysan. L'enjeu des années à venir, pour éviter l'explosion des campagnes, consiste à étrangler et supprimer progressivement les administrations parasites, en leur coupant les vivres.

À Guanghe dans le Gansu, pauvre province hui musulmane, la Commission centrale de vérification de la discipline (la police interne du Parti) vient de découvrir un village qui comptait cent soixante-six cadres de complaisance, sous-qualifiés et aux diplômes falsifiés.

Une part de ceux-ci avaient acheté leur charge – finançant les faméliques émoluments des futurs collègues. D'autres, à la mairie, étaient les épouses, parachutées pour le double salaire. Presque toutes et tous étaient cousins de la même grande famille des Ma («cheval»), patronyme pour Mahomet.

Le plus téméraire de tous fut sans conteste Ma Zhanhua, le numéro 2. Fort de son poste clé de président du Département de l'organisation, il engagea en 1996 son fils de treize ans, puis procura une sinécure à son illettré de frère, suivi d'autres petits jobs à tous les siens : pour les vérificateurs aux comptes, c'était de la gabegie invétérée en toute conscience de l'acte : *yǎn ěr dào líng,* «se boucher les oreilles pour voler la cloche» !

L'enquête au peigne fin qui s'ensuivit sur les effectifs publics de Guanghe permit encore de débusquer quatorze cadres décédés, certains depuis vingt ans, qui continuaient imperturbablement à percevoir leur salaire – chaque mois, les vivants allaient brûler sur leurs tombes l'équivalent en monnaie de l'enfer !

NB : Comme tout le grand Ouest, le Gansu, vaste région semi-désertique, est notoirement turbulent et incontrôlable. La mosaïque d'ethnies et religions minoritaires ne simplifie pas les choses. Tout cela pour dire que Guanghe est aussi une grande région de drogue, sur une des routes d'exportation du Triangle d'or. En 1998, soixante-trois kilos d'héroïne pure y furent confisqués. Chaque année y amène son lot de saisies, invariablement suivies de condamnations à mort.

19 mars 2001

VIII

« Solitude face à la fenêtre froide »
Écoles

hán   *chuāng*   *kŭ*

« Les enfants des nouveaux nobles »
ou Les fils de l'archevêque

De passage en France au printemps 2003, je vis entrer dans une boutique de Montmartre quatre adolescents chinois – treize, quatorze ans peut-être. Bien habillés, ils dépensaient libéralement. Je les interrogeai : d'abord un peu interloqués (car en bons Chinois, ils se croyaient protégés par leur Grande Muraille linguistique), ils m'expliquèrent qu'élèves d'un *college* privé en Angleterre, ils avaient franchi la Manche par Eurostar, pour un week-end d'escapade parisienne.

Leurs parents étaient industriels ou cadres du Parti entre Shanghai et Shenzhen. Sans états d'âme, très mûrs pour leur âge, ils vivaient dans la certitude de leurs pouvoirs sans limites : l'avenir leur appartenait, rien ne les priverait de leur immense et récente fortune. Ils étaient les *xīn guì zǐ dì*, « fils des nouveaux nobles », enfants de la nouvelle oligarchie au pouvoir.

Des dizaines de milliers d'enfants de la haute sont comme eux pensionnaires dans les plus beaux établissements du monde, en Angleterre, en Suisse ou aux USA. Si la France était plus dynamique et créait ces écoles spécialisées de luxe, elle aurait sa part du marché, car la demande est illimitée. Pour les parents, le coût est insignifiant et assure à leurs enfants le passeport étranger, rêve de tout Chinois !

Tous les jeunes nés coiffés ne partent pas, cependant : la plupart restent au pays, dans des écoles également luxueuses. Celle de Qiaotou (Zhejiang) était typique de son genre, séparant les enfants (lutte des classes scolaires)) en fonction non des talents, mais des revenus parentaux.

Durant les longues récréations, le collège laissait la jeunesse se délasser tout en s'entraînant à l'informatique ludique, par le biais des jeux virtuels. Le collège, c'est-à-dire le proviseur, les recevait sans sa galerie de jeux privée – ils y laissaient vingt yuans quotidiens par chère tête blonde et pas question pour eux d'économiser : question de standing !

Ce que l'entreprenant chef d'établissement n'avait pas prévu, est que Xiao Yang et Xiao Dan, un jour, manqueraient d'argent pour assouvir leur besoin compulsif de tâter du «joystick». Il se doutait moins encore qu'ils prépareraient alors, à froid, l'enlèvement d'un camarade, son rançonnement et, une fois la somme versée, son assassinat pour couvrir leur forfait. Le 3 décembre 1999, ils sont passés à l'acte, tuant le jeune Zhaojing de soixante-dix coups de surin. Pour eux, l'école est finie – bienvenue en enfer. La ville, pour sa part, reste engluée dans son cauchemar.

20 mars 2000

笨 狗 熊

bèn　　　gǒu　　　xióng

« Crétin comme un ours brun »
« Visage humain, cœur de bête »
ou **Les petits génies pètent les plombs**

Par sa grosse bêtise, l'étudiant Liu vient de choquer l'opinion chinoise, prompte à s'émouvoir sur les foucades de ses enfants. À l'université Qinghua (Pékin), peut-être la meilleure du pays et en tout cas une des pépinières du régime, Liu passait pour un sujet brillant, quoique taciturne.

Pour autant, personne ne s'était imaginé le scénario bizarre qui lui vint à l'esprit : en février 2002, par deux fois, il se rendit au zoo de la capitale, où il aspergea cinq ours bruns d'un cocktail d'acide sulfurique et de soude caustique.

Ce n'est qu'à la seconde agression, le 23, que les gardiens alertés par les fumées et les gémissements des plantigrades terrorisés, prirent le vandale sur le fait. Le potache leur déclara froidement qu'il voulait voir comment les animaux réagissaient à sa torture et vérifier l'adage *bèn gǒu xióng*, « crétin comme un ours brun ».

Après l'agression, les médias y allèrent tous de leur savante analyse, multipliant les témoignages de psychologues et d'experts pédagogues. Très vite, il ne fut plus question de Liu ni d'ours, mais de la santé mentale de la jeunesse sur laquelle reposait l'avenir du pays.

Aveugler est un acte malveillant, qui évoque le caprice d'un *xiǎo huáng dì*, petit empereur (enfant unique) habitué depuis la naissance à réaliser ses fantasmes. La Chine urbaine paie le prix du refus de frères et de sœurs à ses enfants.

Elle exprime aussi une nostalgie envers la Mère Nature, à qui la Chine a si bien tordu le coup : l'étudiant Liu était hanté par la demande ridicule (dans son monde) de renouer avec son animalité, tout en rejetant la logique stérile du monde académique. Cette demande-là est inscrite dans un autre proverbe, *rén miàn shòu xīn,* « visage humain, cœur de bête ».

Les experts sont également prompts à évoquer une maladie fondamentale des universités chinoises, le stress, qui hante 30 % des étudiants [1]. Après avoir sacrifié leur jeunesse à la préparation (en marche ou crève) au concours d'entrée aux universités, il leur faut de longues années pour réémerger.

Bilan : un mois plus tard, les ours ont recouvré la vue et leur poil repousse par plaques irrégulières. Liu ne risque rien au pénal. L'histoire ne dit pas son avenir universitaire ni médical : il s'en tirera sans doute, vu l'absence de loi pour réprimer son acte et de précédent sur lequel l'université pourrait s'appuyer pour châtier la transgression de l'étudiant.

11 mars 2002

---

1. Ce taux de stress est le même que chez les enseignants des niveaux primaire et secondaire.

金榜题名

jīn　　bǎng　　tí　　míng

« Avoir son nom
au palmarès d'or »
ou Jour de gloire, jour du bac…

L'été 2003, pour la première fois dans son histoire et malgré le SRAS qui s'achevait à peine, le *gāo kǎo*, concours d'entrée aux universités et examen de sortie du lycée, fut avancé d'un mois, du 7 au 9 juin, pour éviter les chaleurs d'été. L'accès aux portes des centres d'examen fut interdit aux parents. Jusqu'alors, ils campaient sur les trottoirs, silencieux et chargés d'angoisse, causant de mémorables bouchons étrangement muets – les klaxons étaient interdits et la police veillait !

Il resta aux mères, oublieuses de leur passé de bonnes communistes, l'option d'aller au temple sacrifier l'encens à Guanyin, déesse de la compassion, ou à Wenshu, le Bouddha des potaches. D'autres fréquentèrent les églises chrétiennes. On en vit même prier aux deux – deux précautions valent mieux qu'une…

Pour le *gāo kǎo,* trois semaines à l'avance, les mères n'hésitent pas à prendre congé pour préparer à leur enfant des menus variés et légers.

Les pharmacies sont dévalisées de leurs stocks de stimulants. Les psychologues affichent divan comble. Les hôpitaux offrent des séances de quelques minutes d'inhalation d'oxygène pur.

L'enjeu est crucial. Pour les familles, c'est l'heure de vérité : l'ascension ou la honte, pas de demi-mesure. Les suicides ne sont pas rares. Héritier du concours mandarinal en vigueur depuis vingt-deux siècles, le *gāo kǎo* distribue les postes à travers l'Empire selon le mérite des candidats. Les jeunes doivent répondre aux questions à choix multiples dans le tronc commun (chinois, anglais, mathéma-tiques), puis dans une matière au choix (lettres ou bio-physique-chimie).

Chaque année, les effectifs du bac explosent. De trois millions de candidats en 1999, ils sont passés à six millions en 2003. La progression des admissions est plus forte encore : elles ont triplé, de un à trois millions dans la période, permettant désormais 50 % de réussite, ce qui réduit le terrible gâchis de l'école socialiste. Faisons les comptes : la Chine compte vingt millions de naissances déclarées. Presque tous (97 %) entament le cursus scolaire. Les six millions de candidats forment donc 30 % du tout, les autres s'étant retrouvés éliminés en amont de ce torrent impitoyable, où les dizaines de milliers d'heures de rabâchage par cœur et d'exercices fastidieux [1] assurent la sélection.

Mais si l'université se démocratise, l'engorgement menace. En septembre 2003, au moment où trois millions de jeunes entraient en fac, deux millions d'étudiants en sortaient diplômés, 46 % de plus qu'en 2002. La moitié n'avait pas de contrat d'emploi, contre un tiers en 2002. Cette jeunesse universitaire rejoint celle du monde riche chez qui, pour travailler, il faut ramer !

15 juillet 2001 et 16 juillet 2003

---

1. Travailler chaque nuit jusqu'à passé minuit, pour un enfant de douze ans, n'est pas rare, comme jusqu'à 22 heures à dix ans.

口蜜腹劍

kǒu   mì   fù   jiàn

« Bouche de miel, épée cachée »
ou L'amitié trahie !

En 1990 à Tengzhou (Shandong), après avoir révisé ensemble, Chen et Qi, lycéennes, affrontèrent ensemble leur *gāo kǎo*.

Au moment de la publication des résultats, Qi était morte de peur : Chen se dévoua pour aller voir leurs résultats à toutes les deux. De retour une heure plus tard, elle enlaça son amie d'enfance, faisant appel à son stoïcisme : « Hélas, tu as raté et moi, je passe ! »

Qi accepta le verdict du sort et après quelques jours de pleurs, se trouva un emploi qui torpillait les espoirs de sa famille tandis que Chen, couronnée de lauriers, s'envolait vers la gloire.

Neuf ans plus tard, un coup de théâtre intervint dans leur vie : elles se retrouvèrent par hasard, de part et d'autre du guichet de la Banque de Chine où Chen était fonctionnaire. La plaque devant son portillon portait le nom de Qi ! Démasquée, Chen dut avouer : c'était elle qui avait échoué, tandis que sa copine avait réussi. Au bureau du bac, poussée par un

217

éclair de jalousie – mais aussi, une petite voix très lucide qui lui parlait de «la chance de sa vie», elle avait empoché la convocation de Qi et l'avait déposée en fac en se faisant passer pour elle. Quel formidable cas de *kǒu mì fù jiàn,* «miel à la bouche, épée plongée au cœur de l'autre» – coup de Jarnac !

S'ensuivit le plus fracassant procès de l'histoire universitaire. De par ses propres intérêts, l'État défendait la fraudeuse afin d'éviter de supporter le poids des fautes commises en chaîne par ses fonctionnaires. Le juge reconnut l'usurpation, la souffrance morale, mais non un quelconque préjudice légal pour mademoiselle Qi, touchant à son droit aux études.

En appel, le tribunal provincial prit deux ans pour statuer, mais Qi fit bien d'être patiente : en août 2001, à trente et un ans, elle réintégrait l'université, dotée de dix mille euros de bourse d'études, *pretium doloris* versé par Chen, le lycée, le jury d'examen, l'université et la banque, dont la cour établissait la faute collective. Les juristes de Chine ont célébré cet extraordinaire verdict qui reconnut la responsabilité de l'État, inconnue jusqu'alors.

Mais l'aspect le plus étrange de cette histoire est le sort de Chen, la voleuse de nom, de diplôme et de onze ans de vie d'autrui. Loin d'aller en prison, elle s'en tira avec quelques sous d'amende à verser à l'ex-amie. Elle conserva son diplôme et son poste. Son vrai châtiment aura été de perdre l'estime de ses chefs, collègues et amis. Elle aura eu bien du mal à remonter cette pente, confrontée à cette image détestable qui, dans la petite ville, lui colle à la peau. Quand à Qi, rajeunie, elle mène sa vie d'étudiante miraculée et s'apprête non sans philosophie à retourner par la grande porte dans la vie active, forte de l'expérience accumulée et du double pied de nez du destin, le naufrage et le miracle !

17 septembre 2001

对薄公堂

duì   bù   gōng   táng

«Porter sa requête au prétoire»
ou **Attaquer en justice**

Ce printemps 2001, une affaire portée devant les tribunaux rappelle *La Plaisanterie* de Milan Kundera, histoire autobiographique d'un étudiant tchèque surdoué à l'époque noire du socialisme, qui se retrouva en mine de sel pour un gag d'étudiant sur thème idéologique.

En 1990, ayant animé des forums libertaires durant les mois du Printemps de Pékin (mai 1989), Huang Yuanhu fut pris dans la chasse aux sorcières et chassé de l'université de Wuhan (Hubei) pour «comportement réactionnaire». Huang poursuivit ses études en auditeur libre avec un tel brio qu'en 1995, il fut autorisé à se présenter au concours d'entrée aux études de doctorat de troisième cycle, d'où il sortit premier. Nonobstant, la croix noire sur son dossier lui valut un nouveau refus d'inscription.

Sans se décourager, il poursuivit sans inscription formelle, parvint à boucler ses partiels et à rendre son mémoire en 1998. L'université, manifestement, tentait de maintenir en selle cet étudiant au potentiel si prometteur. Restait à franchir l'obstacle de la remise du diplôme qui, tout en maintenant la fiction d'une compétence de l'université, dépend du permis du ministère, c'est-à-dire du Parti ; sans surprise, le rectorat de Wuhan trancha : « L'université, allégua-t-il, donne ses titres à qui elle veut. » Près de dix ans après, sans l'avoir jamais vu, les censeurs de Pékin poursuivaient l'étudiant de leur hargne !

Mais dans un pays si complexe, il ne faut jamais prendre les données à leur valeur faciale : la faculté attendait que Huang porte plainte, *duì bù gōng táng* (« porter sa requête au prétoire ») pour revendiquer le fruit de son travail ; l'enjeu de ce procès était peut-être plus dramatique pour elle que pour lui ! En cas de verdict favorable, l'université obtiendrait la grande émancipation, sa séparation d'avec le Parti, ce dont elle rêvait depuis un demi-siècle d'obéissance servile. Elle aurait donc gagné sans avoir pris le risque de rien demander. Huang entama l'action en décembre 2000, accompagnée d'une demande de 200 000 yuans de dommages.

À ce jour, le verdict n'est pas tombé – mais le seul dépôt d'une telle plainte est une révolution : dix ans plus tôt, elle aurait valu à l'insolent deux années de *láo gǎi suǒ*, camp de réforme par le travail, pour lui apprendre le respect de ses aînés.

Elle préjuge aussi du verdict. Avec l'entrée chinoise à l'Organisation mondiale du commerce, les hautes études voient les frontières se lever : les usines du monde s'arrachent les meilleurs cadres, sans regarder au passeport. Entre maintenir à flot, à grands frais, des universités inférieures en compétence à celles d'ailleurs sur terre (et parvenir bien vite aux limites de sa croissance, faute de pouvoir produire les élites nécessitées par le pays) et les laisser se battre à armes égales, le choix du Parti sera vite vu !

1er avril 2001

付诸东流

fù　　*zhǔ*　　*dōng*　　*liú*

« Laisser partir au fil de l'eau »
ou **Tout fout le camp !**

La Chine ne manque pas de mécènes. Elle a ses milliers d'écoles, d'universités, d'hôpitaux ou d'œuvres charitables financées par des firmes étrangères, des capitalistes de la diaspora d'outre-mer. Elle voit des groupements de femmes d'industriels, de diplomates ou des communautés religieuses créer des œuvres pour améliorer le sort des enfants handicapés. Elle compte aussi d'innombrables petites gens qui sacrifient leur vie et leurs moindres forces depuis l'ombre, à assister leurs prochains sans la moindre motivation judéo-chrétienne ni attente de récompense.

Parmi ceux-ci, pensionné en 1979 à l'âge de cinquante-quatre ans, Wang Ruchen, en accord avec sa femme, décida de réaliser son vieux rêve : consacrer les centaines de milliers de yuans d'épargne de sa vie à mettre des jeunes de son village aux études. Avec un pragmatisme bien chinois, il commença par placer son argent dans un restaurant, dont les profits alimentèrent sa « fondation ».

Les fonds disponibles furent d'abord offerts à une école maternelle, lui permettant de s'équiper et de financer l'admission d'enfants de familles indigentes. Puis, à partir de 1986, l'argent fut acheminé vers les jeunes les plus prometteurs du collège local. Wang s'était entendu avec le directeur pour que celui-ci sélectionne les dossiers et le tienne informé des moindres développements de son « sponsoring ».

Grâce à sa noble action, treize ans plus tard, Wang avait acheminé vers des études supérieures quarante jeunes villageois méritants, mais privés de tout espoir d'études par leur misère. Trente se retrouvaient en centre professionnel et dix à l'université. Chaque année, les demandes de bourses progressaient doucement, parallèlement avec les rentrées du restaurant.

Le seul problème, qui commence à chagriner très légitimement le vieillard – M. Wang a aujourd'hui quatre-vingt-quatre ans : pas un seul des bénéficiaires de son mécénat n'est venu le voir pour prononcer devant lui, les mains jointes, le petit mot *xiè xie* (merci). Deux terribles hypothèses s'élaborent, toutes deux suggérant le risque qu'il ait *fù zhú dōng liú*, « jeté sa fortune à vau-l'eau vers la mer ».

Aussi incroyable que cela puisse paraître, M. Wang n'a jamais vérifié la situation de ses boursiers, faisant confiance aveugle au directeur du collège. C'est pourquoi Wang Ruchen, Père Goriot chinois des temps modernes, attend toujours une photo, une lettre ou une visite, qui le libère des soupçons qui le taraudent : ce silence est-il fruit d'ingratitude ou d'escroquerie du proviseur ?

17 avril 1999

学富五车
xuè   fù   wǔ   chē

离经叛道
lí   jīng   pàn   dào

«En savoir pour cinq charrettes de livres» «Défier le classicisme, trahir la voie!»

ou Donner du pied dans le nid de guêpes

Imaginez un adolescent à l'arrêt devant un carrefour : à gauche un gratte-ciel, à droite une librairie, en face une route. La tour, c'est la carrière dont rêvent pour lui les adultes – destinée laborieuse, lucrative mais sans imagination. La librairie, c'est le lycée qui tente de faire de lui un *xuè fù wǔ chē*, «connaissant par cœur cinq charrettes de livres»[1]. Le chemin d'en face, c'est celui qu'il s'apprête à prendre, plein d'inconnues mais aussi de certitude de réussir, fort de la vérité en laquelle il vit, indifférent aux calculs des autres.

Un tel scénario pourrait donner la trame d'un roman pour jeunes. Dans la réalité, le roman fut écrit par le lycéen lui-même et devint

---

1. Il s'agit ici des ouvrages gravés sur bambou refendu et cousu, plié en accordéon, réceptacle du savoir sous la dynastie Song.

un des événements littéraires de l'an 2002, plongeant les sphères intellectuelles entre consternation et enthousiasme.

Élève de treize ans dans un collègue privé de Baotou (Mongolie-Intérieure), Haixiao était ennuyé à la fin des congés d'été : il n'avait pas rédigé un des dix essais que sa classe devait écrire pour la rentrée. Son été, il l'avait passé à gribouiller un pamphlet au titre sans ambiguïté : « Trop fatigué pour aller à l'école »…

Après lecture, son père accepta de le laisser remplacer les dix pensums par ses dix chapitres qui tenaient la longueur respectable de deux cent vingt pages.

La copie rendue, du proviseur aux enseignants, toute la salle des profs lut le manuscrit et fut subjuguée. L'attitude était impertinente, mais l'initiative aussi heureuse que l'imagination et le style.

De tout le collège, Haixiao était le seul à avoir fait un travail personnel, au vécu riche et plein de verve ! Les maîtres prirent donc cette décision tout à leur honneur : ils soumirent l'ouvrage à une maison d'édition, qui le publia.

La polémique prit alors une ampleur nationale. À Pékin, de vieilles barbes lui offrirent une nomination au concours littéraire Mao Dun de la Jeunesse, pour peu qu'il veuille bien gommer son titre et ses coups de griffes contre l'ordre établi, renonçant à *lí jīng pàn dào,* « défier le classicisme, trahir la voie » : « Inacceptable », trancha l'écrivain en herbe, refusant de se vendre, fût-ce au prix d'un prix ; en plus de l'estime littéraire, il y gagna l'honneur de la liberté conquise.

NB : En 1966, en examen, un autre étudiant avait refusé de plancher sur un sujet bourgeois : il avait rendu copie blanche, taxant l'auteur du sujet de révisionnisme. Ce garçon n'était qu'un cancre, « séchant » face à un thème sur lequel il avait fait l'impasse. Mais arrivant à un moment historique critique, son refus de l'obstacle avait été récupéré par Mao comme refus des bourgeois et servit de prétexte ou de point de départ à la Révolution culturelle.

Aujourd'hui, le jeune Haixiao se bat pour construire et remet un essai au lieu d'une copie blanche. Nuance qui marque le chemin parcouru depuis lors !

1er avril 2002

移 天 易 日

yí   tiān   yì   rì

« Changer le ciel
et déplacer le soleil »
ou **Faire violence morale**

Depuis août 2000, le pensionnat expéri-
mental de jeunes filles du XXIᵉ siècle était le
« must » de Pékin, garantissant à soixante-dix
familles richissimes que leurs gamines nattées
en tenue bleu et blanc, sous sa garde, seraient
isolées des garçons, des lectures frivoles, des
chewing-gums et des glaces.

Le collège se targuait d'enseignants hors
pair, de locaux neufs suréquipés et de cours
fort prisés par les nouveaux riches en quête
de bonnes manières : l'école privée y dispen-
sait les bases de la conversation et du maintien
à table, de la cuisine et du tricot, et des psychologues étaient disponibles pour mademoiselle
Âge tendre. Avec un tel curriculum et malgré
des annuités prohibitives, « XXIᵉ siècle »
maintenait des listes d'attente interminables.

Le 1ᵉʳ avril 2001 vit un incident qui dyna-
mita sa formidable image, quand Qingqing,
seize ans, s'avisa de réclamer son courrier. Par
sa réponse dilatoire et des allusions imprudentes,

le proviseur confirma les soupçons de l'adolescente : depuis toujours, il détournait ses lettres – leurs lettres à toutes – et les lisait pour ne leur rendre que les plus innocentes. Quant aux autres, il s'en délectait : il était devenu le cambrioleur de leurs rêves clairs ou troubles. C'était l'abus de pouvoir qui met en enfer, *yí tiān yì rì* (« déplacer le ciel et décolorer le soleil »). C'était aussi une belle réminiscence du potentat Garde rouge qu'il avait été vingt ans avant… Le lendemain, Qingqing fugua à Lanzhou (Gansu), rejoignant son soupirant arabe qui étudiait à la faculté islamique de la ville.

Décidément peu malin, le chef d'établissement aggrava son cas ; espérant voir les choses s'arranger et un retour sans esclandre, il attendit trois jours pour avouer sa faute aux parents : ce fut le scandale, la pénétration de policiers dans le gynécée interdit aux hommes, la plainte en justice et la lecture du courrier litigieux devant un prétoire bondé et frétillant d'aise – la correspondance de Qingqing révéla des relations qui avaient depuis belle lurette et de beaucoup dépassé la « passion de la langue anglaise » alléguée par les amants.

Traumatisée depuis, la jeune fille ne veut plus entendre parler de quelque forme d'étude que ce soit. Au « XXIe siècle », le père réclame 860 000 yuans de préjudice moral. Quant à la bonne société pékinoise et à ses adolescentes, elles ont fait une croix bien noire sur le sinistre établissement, perdu de réputation par la faute d'un principal aveuglé par son autoritarisme et son vice voyeur.

29 octobre 2001

书中自有黄金屋

shū zhōng zì yǒu huáng jīn wū

书中自有颜如玉

shū zhōng zì yǒu yán rú yù

« La maison d'or, grâce au diplôme ! » « L'épouse de jade, grâce au diplôme ! »
ou Une éducation prussienne en Chine

Comme tous les Chinois de sa génération, ce couple de reporters de Chengdu (Sichuan) gardait de la Révolution culturelle la souffrance inguérissable de n'avoir pu mener d'études supérieures.

Pendant sa grossesse en 1975, Liu Weihua la journaliste était tombée sur un livre rare, signé Carl Vetter, obscur prédicant du XVIIIᵉ siècle. Vetter prônait une éducation dirigiste, intensive, axée sur la morale et la présence des parents. Par sa méthode, le pasteur affirmait avoir permis à son fils de maîtriser six langues à huit ans et de soutenir deux doctorats à seize.

Il n'en fallut pas plus à ce couple pour décider de reproduire avec son enfant l'étrange expérience ! Dès l'âge tendre de deux semaines, l'éducation de la petite Yiting débuta par de fréquents massages « stimulatoires des sens » accompagnés de monologues à toute heure, « bain verbal libérateur d'intelligence ».

Dès que la bambine eut les muscles pour marcher ou tenir un stylo, l'école spartiate débuta. Afin d'exercer son mental tout en comblant ses lacunes de calcul, elle dut recopier d'interminables pages de l'annuaire local. Pour aiguiser son sens moral, tout caprice fut suivi d'une confession dans son carnet intime. En guise d'éducation physique, ses parents l'astreignirent à une discipline mi-prussienne, mi-biblique : elle dut nager des dizaines de longueurs de bassin par semaine, laisser fondre des glaçons dans ses quenottes et, bien sûr, participer sans rechigner aux multiples corvées quotidiennes.

Le résultat aurait pu être une jeune femme triste et sauvage : au contraire, Yiting devint une étudiante exceptionnelle, qui intégra en 1999 Harvard, privilège obtenu par deux jeunes Chinois seulement cette année-là. Les parents en tirèrent un best-seller qu'ils vendirent à trois millions d'exemplaires : la Chine, éblouie, s'exaltait sur ce cas de *shū zhōng zì yǒu huáng jīn wū*, « la maison d'or, grâce au diplôme ».

L'engouement des masses pour cette fable interpelle : son ressort réside-t-il bien dans cette recette de bachotage qui, par sa férocité, reste hors de portée des gens normaux – sauf à changer l'espèce humaine, ce à quoi Mao lui-même échoua ?

Une autre raison pourrait se trouver dans la nostalgie des rites perdus et d'une discipline pour le corps, l'âme et l'esprit. Je me plais à voir dans cette démarche folle la demande d'un peuple chinois à peine sorti de son épreuve maoïste, de retrouvailles avec une vie mi-morale, mi-spirituelle, détachée de l'argent et de la productivité, et trempée à une foi – fût-elle protestante – qui déplace les montagnes !

20 avril 2003

春暖花开

chūn　　　nuǎn　　　hu　　　kāi

« La douceur du printemps
fait s'éclore les fleurs ! »
ou **La faculté en guerre contre l'amour**

Les fleurs de mandarines éclosent au printemps doux. Mais pour les grandes écoles chinoises, quel casse-tête que ces milliers de petits couples qui roucoulent à toute heure, perturbant l'esprit d'étude ! Pas question de se laisser aller à un sentimentalisme romantique : c'est aux succès aux examens que les universités décrochent leurs crédits ou les coopérations avec leurs prestigieux homologues, Harvard, Sorbonne ou Cambridge : pour la place au soleil de l'enseignement supérieur, la concurrence est âpre, et la porte étroite !

Mais d'un autre côté, même la faculté ne peut légiférer sur la biologie humaine. 99 % des étudiants entrent vierges à l'université et ne découvrent qu'alors l'effusion amoureuse : que les corps exultent est pour eux la découverte la plus bouleversante de leur existence et 40 % d'entre eux entament immédiatement une relation sentimentale, voire une vie de couple.

À l'université technologique Huadong

(Shanghai), afin de sauvegarder une saine émulation, M. Chen, directeur des études, a saisi le taureau par les cornes : il a instauré un permis de conduite de soi, syncrétisme entre le permis automobile à points et la morale socialiste.

Parmi les treize attitudes faisant perdre des points figure l'appel passé minuit à sa *xiǎo mì*, « petit miel », au risque de réveiller la chambrée ; le fait de promener sa *měi niū*, « poupée », en amazone sur son vélo ; celui (c'est évident) de s'embrasser ou s'enlacer en public ; ainsi que celui, plus intimiste, de se donner la becquée à la cantine avec les baguettes.

Voulant faire moderne, le directeur n'a pas réprimé la promenade main dans la main – faux cadeau, puisque beaucoup de filles exprimant leur amitié selon cette mode, la pratique ne pouvait de toute manière pas être punie.

Ce permis individuel n'a rien d'un jeu : l'étudiant(e) ayant épuisé ses points, est exclu(e) de l'université. Pour se racheter, quatorze attitudes « civiques » permettent de remonter la pente, tel le volontariat à la *zhuō wěn duì*, milice des bises, chargée de traquer les embrasseurs. À son heure de gloire, la milice compta jusqu'à cent vigiles : en deux semaines, une trentaine d'amoureux furent épinglés. Puis, pour le directeur Chen, tout tourna à l'aigre. Les amants punis se défendirent, contestant la légalité du système. Vérification faite par les juristes, le droit de l'université à priver les titulaires de leur place d'étude était strictement codifié et laissait peu de place à l'arbitraire.

Les apprentis flics de l'amour perdirent la foi, démissionnèrent et, pire, vendirent la mèche à la presse : face aux reporters, embarrassé, M. Chen a tenté de tout nier en bloc. Il n'y avait ni permis à points ni milice des bises : « Racontars de journalistes, a-t-il tonné ; et d'ailleurs, les points négatifs ne seront pas retranchés des permis… » Ce qu'il fallait démontrer !

22 mars 2003

心驰神往

xīn　　chí　　shén　　wǎng

虚无缥缈

xū　　wú　　piāo　　miǎo

« Cœur emballé, esprit ravi »
« Liberté créatrice hors du réel »
ou L'enfance chinoise importe ses rêves

Venu d'Angleterre via les USA, le premier film d'Harry Potter bat tous les records d'audience en Chine : deux cents copies vendues à travers vingt villes et deux millions d'euros collectés dans la première en cinq jours. Pour les fans chinois (rejoignant ceux d'ailleurs), c'est la mode passion, *xīn chí shén wǎng*, « cœur emballé, esprit ravi » !

Seize mois avant, pourtant, à la sortie groupée des premiers tomes du livre, un pédagogue prédisait l'échec : « Ces balivernes de sorciers et de chouettes ne nous disent rien. L'Occident doute de son avenir et se réfugie dans ses fantômes. Mais nous, nous n'avons pas besoin de ce genre d'exutoire. »

En fait, la hantise des responsables était de voir briser, au profit de l'étranger, le monopole socialiste de l'art et de la morale face aux jeunes. Les diffuseurs du film craignaient une interdiction pure et simple, sous prétexte d'apologie de la superstition et des sectes. Un tel verdict eût signifié l'arrêt de mort, à cette époque de guerre impitoyable contre le Falungong.

C'est alors que s'est produit l'incroyable : au ministère de la Culture, des hommes tel Zhong Jiehua, expert en littérature enfantine, ont défendu le jeune sorcier : « Le rêve créatif, voilà ce qu'il faut à nos enfants, stressés de trop de devoirs et leçons ! »

D'autres témoignages apparurent alors, tel le jeune Xu, doublure vocale du héros dans le film : « Harry, c'est un type super, il est courageux, sympa, et il aime ses parents ! »

De l'Institut du cinéma de Pékin, Hao Jian produisit un argument subtil et imbattable, pour imposer le personnage d'importation : « La Chine n'a pas attendu J. K. Rawlings pour se doter d'une riche littérature fantastique. Tout est déjà dans notre roman national, *Le Voyage à l'Ouest* : dragons, monstres sanguinaires, apprentis sorciers, vol humain dans les airs… Harry Potter ne fait que copier la Chine. » Par cette approche nationaliste, le cinéaste brossait les idéologues dans le sens du poil : une fois Harry Potter remaquillé en Sun Wukong, le singe sorcier du voyage à l'Ouest, sa légitimité devenait indiscutable.

Les enfants chinois, eux, ne s'y sont pas trompés, en se ruant voir *Hali Bode*. C'est que le jeune Anglais aux taches de rousseur, avec sa copine Hermione, réimplante en Chine une vertu oubliée depuis des décennies : celle de *xū wú piāo miăo,* « le monde des limbes et de l'au-delà » – le dingue, le rêve, le gratuit !

11 février 2002

IX

«À bout de souffle»
Santé

大 喘 氣

dà   chuǎn   qì

开 路 先 锋

kāi　　*lù*　　*xiān*　　*fēng*

«Ouvrir la piste à la machette»
ou Faire œuvre de précurseur

Élève infirmière à Chengdu (Sichuan), à seize ans, Mlle Zhang ne manquait pas de bon sens, mais sa maturité précoce lui joua des tours. Pour la fête des pères [1], elle offrit à l'auteur de ses jours quatre coffrets d'élixir de ginseng, gingembre, bile de serpent, scorpion et corne de cerf, remède immémorial pour rehausser les ardeurs mâles défaillantes. Hors de lui, Zhang alla tempêter à la pharmacie, exiger remboursement, menaçant de traîner le gérant en justice : c'était le mot de trop ! Sentant à son tour la pâte de raifort [2] lui monter au nez, le potard mit l'irascible à la porte et appela la presse, plongeant la famille Zhang au cœur d'une polémique durable : oubliant la torpeur estivale, la Chine entière se passionna pour le cas.

La démarche de la jeune fille était pourtant louable. Elle voyait bien que les rapports

---

1. Événement commercial d'importation américaine en Chine, comme la Saint-Valentin ou Noël.
2. Équivalent chinois de la moutarde.

parentaux s'étiolaient. En toute ingénuité, elle avait voulu « réparer du temps l'irréparable outrage » : démarche à laquelle M. Zhang s'opposait de toutes ses forces. Selon ses valeurs, inculquées depuis l'enfance, le père seul était détenteur du pouvoir, tandis que les enfants (les filles surtout) n'avaient droit qu'au silence. Si impuissance il y avait, qu'il en soit ainsi, pourvu qu'on sauve la face ! L'ambiance familiale n'était pas du ressort de sa fille, pas plus que l'épanouissement de sa mère.

Le scandale qui éclatait était l'expression la plus transparente du choc des générations à travers la Chine, celle des enfants pragmatiques, celle des parents encore surgelés par les souffrances de leur passé. Leurs arguments étant mutuellement incompréhensibles, pères et fils n'avaient rien à se dire.

Un débat vaste et passionné s'instaura à travers le pays, dans les colonnes du courrier des lecteurs des journaux et les forums du « chat » de l'internet. Toutes les opinions défilèrent – indignées, hypocrites ou malicieuses. Un professeur de médecine à l'université Huaxi de Chengdu [1] décréta « révolutionnaire » et « proche du peuple » la démarche de Mlle Zhang : elle « ouvrait la piste à la machette » *(kāi lù xiān fēng)*, dans la santé publique, car le problème de M. Zhang était notoirement celui de dizaines de millions de gens – plus ou moins de tout couple, passé quarante ans. Un taxi pékinois cependant lui jeta la première pierre, suivi par 59 % des neuf mille cent cinquante et un participants au sondage : des gamines n'avaient pas à insulter la virilité de leur père, et l'honneur devait primer sur le plaisir.

Trop heureux de la publicité gratuite, le directeur de l'usine d'aphrodisiaques se mêla au débat, sous prétexte de défendre son produit, « qui aurait parfaitement réglé le problème du

---

1. Hôpital colonial à l'origine, fondé par les Français durant les années 1920.

père ». Toute honte bue, sous la pression des voisins, de son employeur, de ses amis, des équipes de télévision venues l'interviewer sur le pas de sa porte à propos de sa capacité à satisfaire son épouse, ce dernier accepta enfin de garder le colis. Peut-être a-t-il fini par en faire usage, une fois passée sa sainte colère…

9 juillet 2001

閉目塞聽

闭 目 塞 听

bì   *mù*   *sāi*   *tīng*

« Se boucher yeux et oreilles »
ou **Faire le mort**

En Chine, quand on veut faire refaire sa carte d'identité, il faut renouveler son test sanguin – c'est le règlement, procédurier à souhait, mais qui, dans l'histoire qui nous occupe, ne manque pas de discernement. En 1998, la famille Wang se trouvait dans cette situation, afin d'obtenir la nouvelle carte plastifiée et informatisée qui se diffuse à travers tout le pays ces dernières années. Ainsi donc, M. Wang, Mme Lan et leur fils s'étaient soumis aux tests à l'hôpital de Cangzhou (Hebei).

Quand tombèrent les résultats quelques jours après, ils eurent le choc de leur vie : Wang Xin n'était pas leur fils. Le 30 juin 1993, le nourrisson que leur avait remis l'infirmière malgracieuse et pressée de retourner chez elle n'était pas le bon.

Quand ils allèrent se plaindre à la maternité, celle-ci les éconduisit avec la rudesse de toute administration chinoise s'adressant au peuple : elle les accusa de mensonge, multiplia les formules dilatoires et refusa de reconnaître ses torts, comme de prendre toute mesure pour redresser le dommage. Les Wang estèrent en justice. Il fallut deux ans aux magistrats pour moudre leur verdict, le 24 mai 2000. Il aurait dû les combler d'aise : jugé responsable, l'hôpital était astreint au versement d'un million et demi de yuans, en *pretium doloris* et en frais d'élevage d'un marmot qui n'était pas le leur.

Et pourtant, à ce jugement, les parents firent appel, avec l'énergie du désespoir. Wang et Lan ne voulaient pas de l'argent, mais leur vrai fils. Qu'une famille inconnue garde en ses murs la chair de leur chair était pour le couple l'objet d'un déchirement incommensurable.

L'hôpital, de son côté, ne disposait pas de crédits autres que ceux vitaux à son strict fonctionnement : les chances pour la famille de toucher son dû étaient infimes. Quant à sa demande qu'on lui retrouve son héritier, l'établissement fit *bì mù sāi tīng* – il se boucha les yeux et les oreilles.

C'est qu'entre-temps, ses administrateurs avaient eu le temps de vérifier leurs registres : ce 30 juin 1993 de triste mémoire, ce n'étaient pas un, mais treize garçons qui étaient sortis de sa maternité. Et si treize familles, avec treize tests erronés, venaient réclamer leurs millions ? « Le chiffre treize n'est pas en Chine synonyme de malheur, avoue un chirurgien en se tamponnant le front, mais chez nous, il pourrait le devenir ! »

PS : On n'ose pas même se demander le sort réservé par l'établissement à l'infirmière négligente, si d'aventure celle-ci est restée à son poste, comme c'est le plus probable !

5 juin 2000

谈虎色变

tán　　　hǔ　　　sè　　　biàn

« Rien qu'à parler du tigre, on en pâlit ! »
ou SRAS : panique collective (1)

Claquemurant sous la peur des centaines de millions de Chinois dans leurs maisons, la pneumonie atypique fut un miroir impitoyable des rapports humains, qui força à vérifier leur justesse. Sentant la mort en maraude, la frayeur réveillait : on redécouvrit à la fois le désir de vivre et le besoin – pas seulement matériel – que l'on a des autres. Mais en Chine, comme ailleurs dans le monde, le sentiment dominant fut l'égoïsme irraisonné et le repli sur soi.

Centre d'accueil à Pékin des malades du SRAS, l'hôpital Ditan avait besoin d'un canon à rayons X pour grands malades, permettant de les photographier allongés. Dépendance de l'université de Pékin, l'hôpital du Peuple répondit à l'appel et informa le soir même le Ditan qu'il pouvait prendre livraison.

Dès l'aube du lendemain, Wang Hao, le chef du matériel, se mit en quête d'un camion. La déception fut de taille : toutes les firmes contactées, publiques comme privées, se

242

défilèrent éhontément : « Vous tombez mal – mes véhicules sont en entretien… mes gars sont à Qingdao… à Shijiazhuang… en stage d'étude de la campagne des Trois Représentativités [1]. » Les docteurs avaient beau promettre une prime, on leur raccrochait au nez.

À 15 heures, désespérée, la présidente de l'hôpital appela son vieil ami commissaire de police, qui prit l'affaire en main. Il lui fallut – malgré tout – quatre-vingt-dix minutes pour trouver une firme qui ne puisse pas lui dire non : à 17 heures, une fourgonnette de déménagement Jiaoyou freinait devant l'hôpital du Peuple. On aurait pu croire les ennuis terminés : ils débutaient, en fait.

Fine mouche, Jiaoyou, qui ne voulait en aucun cas se charger de cette corvée dangereuse, avait trouvé la faille – faisant preuve d'une subtilité bien chinoise, en fournissant un véhicule notoirement trop petit. Renonçant, vu l'urgence, à des représailles immédiates (mais rien ne serait perdu, à l'avenir !), le flic réquisitionna le fourgon du parc Ditan voisin et obtint même une équipe de porteurs : à 18 heures 24, le convoi faisait une entrée acclamée dans la cour de l'hôpital ! Mais c'est alors que, vieux refrain, en découvrant le chargement, la mission et le risque d'infection, les porteurs prirent leurs jambes à leur cou, insensibles aux menaces : c'était, caramba, encore raté !

À 18 heures 38, le commissaire en perdait son mandarin, quand médecins et infirmières, les plantons et le policier, sans cracher dans leurs mains vu les circonstances, chargèrent les trois cent soixante-dix kilos de l'appareil, qui aboutit à bon port à 19 heures 24, pour traiter deux heures et demie plus tard son premier malade, aux trois quarts inconscient et néanmoins éperdu de gratitude.

---

1. Le slogan politique de Jiang Zemin, et son (maigre) apport théorique au socialisme chinois.

Soufflant après leur mésaventure, médecins et commissaire ont trouvé ensemble ce proverbe pour stigmatiser l'hystérie collective du SRAS : *tán hǔ sè biàn* – « rien qu'à parler du tigre, on en pâlit ».

5 mai 2003

草木皆兵

cǎo   mù   jié   bīng

«Ils prennent les herbes,
les arbres pour l'ennemi»
ou **SRAS: panique collective (2)**

Cǎo mù jié bīng, «prendre herbes et arbres pour l'ennemi»: créé pour évoquer le comportement de soldats pusillanimes, ce dicton se révéla adapté à la rue chinoise, durant les semaines de panique dû au SRAS en avril 2003.

La Chine découvrait alors qu'elle occupait, au palmarès de l'OMS, le cent quarante-quatrième rang des nations sur cent quarante-huit (loin derrière des pays comme le Bangladesh ou le Nigeria) pour la qualité des soins auxquels ses citoyens pouvaient prétendre. Dans ce climat nerveux et cyclothymique, toutes les occasions pour se protéger furent bonnes à prendre, donnant lieu à des scènes insolites:

– Le 27 à l'aube, la gendarmerie pékinoise fut appelée sur la nationale 103: l'axe stratégique venait d'être coupé par deux tranchées, manifestement l'œuvre de quelques dizaines de cantonniers amateurs, à la pioche et à la pelle. Trois jours plus tôt, craignant une panique massive, le gouvernement venait de renoncer à isoler Pékin en quarantaine : à présent, c'étaient les banlieues qui tentaient d'enfermer la métropole dans ses murs !

– Cette pauvre femme chauffeur de taxi, rentrant épuisée d'une longue journée de courses et traumatisée par le SRAS, ne trouva rien de mieux à faire que passer au micro-ondes, pour les désinfecter, sa recette, ses clés, son masque et son portable : tout brûla ou fondit. Quant au four, autre victime imprévue de la pneumonie atypique, depuis lors, il tousse à fendre l'âme.

– Le 24, l'asile de vieillards de Xiongxian (Hebei) fut vidé pour permettre l'isolement de quelques dizaines de gens suspectés de SRAS. Voilà qui scandalisa le seul voisin de l'hospice, l'office des grains, qui prit ses dispositions : dès le premier soir l'électricité fut coupée dans le home, causant la terreur parmi les nouveaux occupants. Profitant de l'aubaine, cinq cas douteux de SRAS filèrent dans la nuit noire.

La police établit que le courant avait été interrompu par M. Liu, le chef de l'office des grains. Sommé de s'expliquer, l'homme donnat une réponse angélique : il ignorait tout de l'arrivée des cas suspects du SRAS dans l'asile, mais cela faisait plus de six mois que le home ne lui avait pas payé sa note d'électricité, qu'il rétrocédait sur son propre abonnement : tout avait des limites, même le bon voisinage !…

Furibonds, les policiers se retirèrent en grommelant que Liu ne l'emporterait pas au paradis – surtout si l'un des évadés avait le malheur d'infecter d'autres citoyens. Et puis l'affaire fut enterrée – comme toujours en Chine, une fois la face sauvée !

12 mai 2003

降妖捉怪

xiáng　　　yāo　　　zhūo　　　guài

«Dompter les génies, exorciser le monstre»
ou **Jouer les sorcières**

Les médecins de Chine travaillent là où on les paie – en ville. Avec leur revenu d'un quart de celui des citadins, les paysans ne peuvent prétendre à leurs services. Reste donc, comme système médical rural, la prière préventive à l'autel familial et les «médecins aux pieds nus», soigneurs, sourciers, rebouteux et *cǎo yī*, guérisseurs par les plantes.

À Shiguan (Henan), Liu Lanhua soignait par les tisanes au radis fermenté, aux baies et aux fruits secs, offrant le repos dans son dispensaire et surtout, se chargeant de l'intercession nocturne auprès des dieux durant ses propres rêves. Ses consultations étaient entièrement gratuites.

À soixante-deux ans, Mme Liu avait atteint la notoriété dans tout le canton : par dizaines, les patients se pressaient dans sa salle d'attente. On lui prêtait le pouvoir de faire des miracles, *xiáng yāo zhūo guài* – dompter les génies et exorciser le monstre. Après avoir été soumis à ses ondes propices, certains s'étaient passés de boire et manger durant un mois. D'autres, disait-on, avaient même acquis l'immortalité !

Un jour pourtant, Liu fut menottée, embarquée et jetée au cachot sans manières suite à des plaintes répétées pour extorsion de « cadeaux ». Entre ses trois maisons converties en sanatorium gris, la police remplit dix camions avec cent treize lits d'acier, trois cents édredons, des machines à laver, des lecteurs de VCD, des téléviseurs neufs ou presque… Bric-à-brac extorqué à ses clients et qu'elle revendait.

Mais de quoi l'inculper ? Liu n'avait tué personne avec ses décoctions à la noix et, à chaque cas dépassant ses compétences, elle avait fait appel à un médecin, quitte à le conseiller… Difficile de l'épingler pour exercice illégal de la médecine !

Soudain, les regards des limiers brillèrent à la découverte, au mur, de diplômes fantaisistes tels que « Nommée par le ministre des Affaires civiles et militaires de la porte sud du Ciel » ou encore « Institut du Dragon chinois ». Avec cette affiche, les policiers touchaient le gros lot : il s'agissait d'une société secrète, mafieuse, qui avait été dissoute par Mao dans les années 1950. Cette fois, l'affaire était claire : en plus de s'adonner à des « rites superstitieux et féodaux », Mme Liu adhérait à une organisation « contre-révolutionnaire anti-Parti », crime pour lequel plus d'un croupissait depuis des décennies dans les camps du Qinghai sans espoir d'en sortir, même les pieds devant !

Depuis sa cellule, cependant, la recluse se défend au nom d'un argument d'une simplicité perverse : comment aurait-elle pu être auteur de tous les crimes dont on l'accable, sur le seul témoignage de ces quelques idéogrammes placardés ? Étant analphabète, n'ayant jamais étudié, elle n'avait jamais lu quoi que ce soit, fût-ce ces affiches. Elle était donc innocente, dans tous les sens du terme. Ce qui ne l'empêchera pas d'en prendre pour de longues années à l'ombre, pour l'exemple !

24 septembre 2001

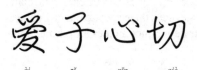

ài   zǐ   xīn   qiè

« Aimer l'enfant
jusqu'à violer la loi »
ou Voler une pension à la collectivité…

Ce pas très beau jour de juin 2000, à Tongzhou, le ciel lourd de midi pesait sur les potagers de la ceinture verte pékinoise. Sur la route poussiéreuse, une petite Xiali rouge tomate (clone de Toyota, *made in* Tianjin) s'approcha en toussotant et s'immobilisa en rase campagne.

Elle redémarra laissant sur place une vieille femme vêtue de noir dont les rares mèches blanches accentuaient l'aspect frêle. Courbé sur sa houe, le paysan, d'emblée, n'y prit point garde. Quand l'orage éclata, il continua à ahaner sur sa glèbe ocre. Il releva les yeux une demi-heure plus tard, la pluie battant son plein : la petite vieille, toujours là, s'était mise à coudre sous les gouttes, pour se donner une contenance.

Au village, les nouvelles vont vite et on a le sens des devoirs envers les vieux : dix minutes plus tard, tout le monde était autour d'elle – l'épicier, le rebouteux, les fermières, le policier, les mercières et des centaines d'enfants, avec parapluies, pastèque, biscuits, bol de thé et mille questions sans réponse. Elle finit par déclarer qu'elle était paraplégique – ce qui expliquait son immobilité –, qu'elle avait quatre-vingts ans et pour toute famille, un fils unique.

Rien d'autre ne sortit de ses lèvres, pas même à la police, qui la confia à l'hospice local, avant de reprendre l'interrogatoire les jours suivants. Sans illusion. Ils connaissaient le scénario. Dans tous les détails, la mère avait mûri avec son fils le plan de son propre abandon.

Pour que la famille se perpétue, le fils devait réussir. L'argent du ménage devait passer pour l'enfant (l'école, l'université), pas pour la grand-mère. Aussi, il fallait contraindre la collectivité à assumer le poids des derniers jours de l'ancêtre. Dans ce complot n'entraient pas ni l'ingratitude de la jeunesse ni l'esprit antisocial. Juste la priorité absolue donnée à la famille étroite, dont les besoins étaient ainsi confiés à la famille au sens large. La loi du Parlement, dans cette affaire, n'avait pas sa place : seule comptait celle de Confucius.

Pour la grand-mère, s'organiser cette retraite gratuite était licite, au nom de l'impératif *ài zǐ xīn qiè,* « aimer l'enfant jusqu'à violer la loi ». Ce fut peut-être le seul délit de toute son existence…

10 août 2000

金蝉脱壳

jīn   chán   tuō   qiào

« La cigale d'or quitte sa dépouille »
ou **Partir à la cloche de bois**

La grossesse extra-utérine est un des risques les plus graves posés aux paysannes chinoises, dont le suivi médical oscille invariablement entre le rudimentaire et l'inexistant. Plus encore si la future mère est migrante, contrainte à travailler plus dur que d'autres, sans protection sociale ni chance d'allègement de son temps de travail – son patron du moment, « ne la payant pas pour bayer aux corneilles ».

Native du Guizhou, région démunie, Xu Ping appartenait à ces cent millions de Chinoises et Chinois arrachés à leur campagne pour errer de ville en ville, alignant les emplois précaires comme plongeuses en guinguette ou nettoyeuses de latrines, vendeuses à la sauvette ou employées de laverie, simplement pour trouver de quoi se nourrir. Après quelque temps, le passage de la police dans l'entreprise et le contrôle des registres marquent le signal du redépart, même si l'employeur veut bien les garder : il faut reprendre la route pour éviter la saisie du corps et le renvoi forcé à au village – ou en camp[1].

Début juillet, débarquant à Quanzhou (Fujian), lors d'une grossesse déjà avancée, le corps de Xu Ping flancha. Perdant son sang à flots, elle tomba évanouie en pleine rue. Par chance, cette province prospère dispose d'hôpitaux meilleurs qu'ailleurs. Xu Ping fut sauvée.

Quelle ne fut pas sa stupéfaction quelques jours plus tard, au sortir du coma, de se retrouver vivante, propre et soignée, mais aussi menottée au cadre de son lit ! Plus grande encore fut la surprise de la police municipale, ingénument alertée par une infirmière que ses patrons avaient oublié de mettre au parfum.

Sur le fond, gardons-nous de juger : l'hôpital aurait pu faire comme tant d'autres, qui refusent toute admission même de malades riches, même d'étrangers (même s'ils saignent à blanc), avant qu'ils n'aient réglé d'abord leur opération au guichet d'accueil, entièrement et en cash !

Sommé par les inspecteurs de s'expliquer sur ce comportement désinvolte, le chirurgien Yang, directeur des urgences, s'épancha : « Que voulez-vous, depuis mai, nous avons admis ici six grossesses extra-utérines. Je les ai toutes sauvées, mais toutes ont filé, me faisant le coup de *jīn chán tuō qiào*, "la cigale d'or quitte sa dépouille[2]"… Conserver la vie des patients en danger, oui. Laisser mon hôpital tomber en faillite, non ! – je ne pouvais pas rester les bras croisés. »

---

1. L'abolition en juillet 2003 du règlement discrétionnaire qui permettait à la police de saisir les migrants dans les villes, voire leur imposer les travaux forcés pour payer leur rapatriement, marquera peut-être un tournant dans la vie de ces oubliés du régime.
2. Cette expression proverbiale est la vingt et unième dans les *Trente-six Stratagèmes*, le célèbre traité de stratégie antique de Sunzi (ou Sun-tsu).

La police s'est retirée, perplexe sur la légalité du procédé, dont rien ne prouve (la presse reste muette sur ce point) qu'il permit au bon docteur de toucher ses honoraires.

22 juillet 2002

X

« Bois de chauffage, riz, huile et sel »
De bric et de broc

chái　mǐ　yóu　yán

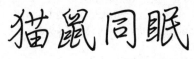

mão   shŭ   tóng   mián

« Le rat et le chat
dans le même lit ! »
ou S'entendre comme chien et chat

En quatre mille ans, le Chinois a bâti un rapport ambigu avec le rat : il honore sa malice, sa bravoure et sa rage de survivre. Le rat occupe donc une place prisée dans le zodiaque chinois. Lors des récoltes, pourtant, le rat demeure nuisible, qui dévore chaque année des montagnes de grains dans les campagnes, tout en propageant les infections en ville. Les campagnes de dératisation se suivent donc partout pour maintenir l'espèce sous un plafond acceptable. Cependant, de région en région, les méthodes varient.

Jusqu'à l'an 1996, Shenzhen payait aux habitants cinq yuans par rat exterminé. Plutôt qu'exiger la remise des cadavres, la mairie se contentait de l'appendice caudal. Jusqu'au jour où elle s'aperçut de la pratique déloyale, mais généralisée, consistant à relâcher, au lieu de l'achever, la bête équeutée. Épargner l'adversaire vaincu était moins conforme à un esprit chevaleresque ou à l'impératif bouddhiste de

compassion, qu'à l'intérêt bien compris du chasseur de queues : de retour en son égout, le rat amputé passait sa frustration en proliférant – décuplant ainsi, quelques semaines plus tard, le montant des primes !

À l'été 1999, Luofeng, en banlieue cantonaise, régla un grave problème de faire-valoir direct. Ses vergers célèbres dans toute la province (lychees, papayes, mangues…) étaient dévastés par des hordes de rats géants, dont rien n'enrayait l'audace. Qu'à cela ne tienne : les fructiculteurs se mirent à cuisiner trois mille rats par jour, selon des recettes revisitées : à cette chair douce et parfumée, point n'était besoin d'ajouter des cubes d'ananas pour obtenir le *gǔ lǎo shǔ* [1] (rat aigre-doux), ni l'incontournable *lǎo shǔ shāo mài* (ravioli de riz au rat)… Depuis, huit guinguettes servent chaque week-end six cents gourmets de la capitale méridionale : temple de la gastronomie ratière, Luofeng affiche complet, sur réservation.

En juin 2002, Shanghai innova à son tour en offrant aux rats, cette fois, un dîner régulateur de leur progéniture. À la farine de poisson, le chef avait ajouté des condiments et épices qui exacerbaient la pulsion sexuelle, une drogue pour induire l'effet de dépendance et, bien sûr, une solide dose de contraceptif. Testé à travers cent égouts, le jury décerna la palme à ce produit, que d'aucuns ont baptisé « Viag-rat ».

Dans sa guerre au rat, le Chinois a curieusement tenu à l'écart son ennemi naturel, le chat. Il en sera ainsi jusqu'à ce que, du fond de son laboratoire, un savant découvre le monstrueux moyen d'accoupler les ennemis séculaires, amour sans fruit possible. Telle union contre nature est toutefois dénoncée à l'avance par le proverbe : *māo shǔ tón mián* – le rat et le chat, compagnons de lit (couple mal assorti) !

1er juillet 2002

---

1. Au lieu du célèbre *gǔ lǎo ròu*, porc aigre-doux.

各得其乐

gè   dé   qí   lè

« À chacun sa joie »
ou **Une garderie des maris**

L'aventure qui suit démontre, s'il le fallait, que Shenzhen n'est pas une ville comme les autres. Incroyable concentration urbaine surgie en vingt ans à la lisière de Hong Kong, dont elle utilise la monnaie et singe les modes, elle compte aujourd'hui sept fois les cinq cent mille habitants qu'elle affichait en 1987.

Une des premières villes de l'électronique en Chine, elle affiche une prospérité insolente et une modernité unique. Tout ce que la Chine engendre de dynamique prend racine à Shenzhen, bouillon permanent des cultures régionales et laboratoire des changements.

Un jour de 2002, M. Yu Qiuyu fit entrer sa femme Ma Lan dans la première galerie commerciale venue.

À la première boutique, il se saisit de la première robe, qu'il lui fit acheter sans même la regarder, sur cet avis péremptoire : « C'est celle là qu'il te faut – elle t'ira très bien. » En bonne Chinoise effacée et soumise [1], Ma Lan le laissa faire, mais de retour au bercail, elle trouva l'habit importable ! Elle demanda à son mari la raison de son comportement excentrique. Yu dut alors reconnaître qu'il avait ainsi cru écourter la corvée à bon compte : il haïssait faire les courses.

Quelques mois plus tard, en 2003, ouvrit à Shenzhen un centre commercial doté d'une fonction nouvelle : une « garderie des maris ». Avant d'empoigner son caddie ou d'aller somnoler sur le siège du coiffeur pour deux heures de mise en plis, la bourgeoise méridionale mène son conjoint au dépôt, qui peut y lire un livre ou une revue, boire du thé, fumer une cigarette ou admirer des œuvres d'art – l'espace fait aussi galerie. Surtout, il peut papoter avec d'autres hommes à propos des femmes – défoulement extrêmement apprécié.

L'idée venait de Yu, écrivain célèbre, qui avait cogité avec sa femme et ses amis intellectuels sur la meilleure manière de régler le problème. La suggestion avait été reprise avec enthousiasme par le directeur du complexe commercial, heureux d'offrir aux visiteurs, comme un « plus » face à sa concurrence, ce service inédit de *gè dé qí lè*, « à chacun son plaisir ».

Aujourd'hui, à Shenzhen, adoptée par les conjoints et leurs épouses, la garderie des maris fait salle comble. Pour autant, l'initiative n'a pas plu à tout le monde. À travers les médias, trois groupes sociaux lui mènent une guerre sainte :

– les femmes dominatrices genre *qī guǎn yán* (qui portent la culotte [2]), qui exigent de conserver durant leurs courses leur factotum gratuit porteur de paquets ;

---

1. En apparence seulement, bien sûr, et uniquement dans les lieux publics.
2. « Femme qui gère strictement (son mari) ». Cette expression est homophone de *qì guǎn yán*, « le vent porte la bronchite » – d'où, en Chine masculine, une source infinie de plaisanteries faciles.

– les féministes dans l'ombrageuse revendication de l'égalité des droits – elles n'accepteront la garderie pour hommes que sur base de réciprocité ;

– et les machos mal à l'aise de se voir laissés au clou comme un caniche.

« Qu'à cela ne tienne, conclut Yu Qiuyu philosophe, personne ne les force à venir ! »

2 juin 2003

依样画葫芦

yī　　　yàng　　　huà　　　hú　　　lu

« Peindre une gourde
à l'identique »
ou **Nouvel ennemi des jeunes :**
le conformisme

Signe de ralliement des « têtes de serpent » (*shé tóu* parrains des filières d'émigration clandestine), des « sangsues » (*xuè tóu*, trafiquants de sang humain) et de tout autre gibier de prison, le tatouage progresse chaque année auprès d'une jeunesse perdue et en quête de repères.

Pour Yang Peng, qui vit de ce petit métier depuis 1995, traînant ses aiguilles et flacons de couleurs à travers les bars branchés de Chaoyang (Pékin), le tatouage est l'emblème des jeunes en lutte contre le conformisme, *yī yàng huà hú lu* (« peindre une gourde à l'identique ») et le rappel de soi contre les idéologies, l'ancienne (socialiste) comme la nouvelle (le fric).

À travers le dessin malhabile dont il commande la gravure indélébile sous son derme, le tatoué crie à jamais ses amours, ses angoisses ou ses serments. Dans l'espoir d'arracher l'héroïne de ses veines, ce toxicomane se fit marquer sur l'omoplate une rose clouée d'un poignard ; la rose était sa vie, et la dague, la mort qui l'attendait s'il replongeait : la prison et le sida.

Avec l'internet, le rock et les bars nocturnes, le tatouage marque la naissance de cette subculture jeune en refus du monde qu'on lui lègue. Cette société marginale avait cessé d'exister sous Mao ; et comme bien d'autres choses, elle renoue avec des traditions perdues. Suicidaire, fragile, elle est avant tout désespérée et ne se voit aucun avenir dans le monde chinois moderne qu'elle juge matérialiste, sans générosité ni respect ni libertés partagées.

Peu éduquée, elle retrouve pourtant, fût-ce instinctivement, à travers ce marquage qui est pour elle un défi, le même que celui des esclaves, convicts et conscrits fuyant les travaux de la Grande Muraille sous Qin Shihuang (259-210 av. J.-C.). Le tatouage trouve là, en effet, sa première expression dans l'histoire comme châtiment aux évadés du chantier cimetière : on les stigmatisait d'un caractère à travers le visage [1].

Sans le savoir, cette jeunesse rebelle rejoint deux groupes d'esclaves antiques en rupture de ban, ceux de Chine et ceux de Rome, menés par Spartacus. Deux mille ans en arrière, ni l'une ni l'autre de ces minorités n'ont gagné leur liberté, ni changé leur société. Ils ont au moins gagné de passer à la postérité, par le courage de leur révolte. Enfin, pour la Chine, l'émergence des communautés de tatoués marque la fin d'un rêve immémorial : celui de rassembler tous les Chinois sous une seule bannière.

2 septembre 2002

---

1. Celui de *zéi*, « criminel ».

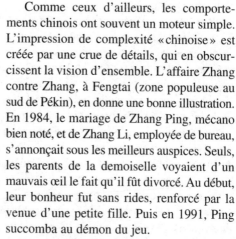

偷梁換柱

tōu　　*liáng*　　*huàn*　　*zhù*

« Voler la poutre faîtière et remplacer les piliers »
ou **Miner secrètement la maison**

Comme ceux d'ailleurs, les comportements chinois ont souvent un moteur simple. L'impression de complexité «chinoise» est créée par une crue de détails, qui en obscurcissent la vision d'ensemble. L'affaire Zhang contre Zhang, à Fengtai (zone populeuse au sud de Pékin), en donne une bonne illustration. En 1984, le mariage de Zhang Ping, mécano bien noté, et de Zhang Li, employée de bureau, s'annonçait sous les meilleurs auspices. Seuls, les parents de la demoiselle voyaient d'un mauvais œil le fait qu'il fût divorcé. Au début, leur bonheur fut sans rides, renforcé par la venue d'une petite fille. Puis en 1991, Ping succomba au démon du jeu.

Dès lors, Zhang Li tomba en enfer, bonne à l'attendre toutes les nuits en vain, à éponger ses dettes et à faire bouillir la marmite sur son seul salaire – après qu'il eut été congédié de son garage pour fautes graves. Elle connut les insultes, les coups et la peur des retours ivres, la forçant plus souvent qu'à son tour à se réfugier avec leur fille chez des amis. En juillet 2002, la coupe pleine, elle divorça, conservant leur appartement et l'enfant.

Mais Ping avait gardé sa clé, pour « voir sa fille ». À chaque visite, il ne manquait pas d'emporter un petit souvenir, de valeur de préférence. Un jour, Li constata la perte de sa carte d'identité et du titre de propriété du F2. Inquiète, elle porta plainte et sollicita une carte nouvelle, procédure longue et byzantine. Au Bureau foncier, elle requit un duplicata du titre et, à tout le moins, une opposition à toute vente abusive de son bien : à la mode socialiste, en l'absence de papiers, on l'envoya sur les roses.

Quatre mois après, des inconnus frappaient à sa porte : les « nouveaux propriétaires », ahuris de découvrir dans « leurs » murs une autre « vendeuse » que celle qu'ils avaient vue « l'autre jour ». Alertée, la police établit que son ex-mari avait réalisé une à une les démarches complexes de vente, flanqué d'une usurpatrice portant perruque et la carte d'identité de Zhang Li.

Le notaire, aussitôt, annula la transaction. Mais pas le Bureau foncier qui, soit arrosé d'un bakchich, soit redoutant une enquête administrative s'il se déjugeait, refusa mordicus de casser la vente ! C'était, pour le mari escroc, une application parfaite du vingt-cinquième stratagème du recueil antique qui en compte trente-six, *tōu liáng huàn zhù*, « voler la charpente et remplacer les piliers » – sans que la maison tombe…

On se demandera comment, face à cette collusion d'incompétence malhonnête et de duplicité, la mère et sa fille ne sont pas – encore – à la rue : grâce à la presse !

23 juin 2003

天方夜谭

tiān *fāng* *yè* *tán*

« Contes dans la nuit, hors du monde »
ou **Contes des Mille et une Nuits**

Reine des HLM socialistes, la dame de l'ascenseur qui servait d'arbitre des litiges, d'office de renseignement et d'informatrice de la police, est détrônée. La ville se métamorphose sous la lame de fond des constructions de logement privé, qu'achètent à crédit des millions de citadins : moyen imposé par l'État pour maintenir la croissance et sauver les banques. La liftière passe donc à la trappe, remplacée par un être mystérieux mais puissant : le syndic, nouveau dieu qui offre aux propriétaires une gamme de services hier inexistants, à présent incontournables, tels l'entretien des plates-bandes, l'enlèvement des déchets, le paiement des charges et le gardiennage.

Seulement, ce personnage surgi à la vitesse de l'éclair n'a pas toujours le profil de l'emploi : Yang Xiufeng, propriétaire d'un F4 aux Zhijin Gardens de Haidian (Pékin), eut tout loisir de le découvrir. En mars 2003, le syndic venait de reprendre les services de cette résidence : il adressa aux résidents une note de frais doublée et quand l'assemblée des propriétaires le pria de lui présenter des justificatifs, il ne s'en acquitta pas. Président de cette enceinte, Yang lui refusa son blanc-seing.

Alors, en application du principe « Le pouvoir est au bout du fusil », le syndic n'hésita pas à faire vider le gêneur avec consigne de lui barrer le chemin pour toujours.

Il faillit bien y parvenir, en opposant un mur aux successives démarches des instances de conciliation. La brave vieille du comité de quartier (autre personnage historique, qui pour l'instant se maintient, protégé par le Parti comme un des piliers de son existence), échoua aussitôt, dépassée par sa morgue.

La police se déclara incompétente. Au commissariat, Yang avait été précédé par le syndic qui y avait déposé une couche épaisse de calomnies : le président aurait obtenu son logis par extorsion et fraude qui, d'après ce dernier, annuleraient son titre de propriété. Tout ce que les courageux pandores condescendirent à faire fut d'accompagner Yang chez lui après six jours, pour lui permettre de changer de linge.

Enfin, Yang parvint à déposer plainte au bureau municipal de l'immobilier et à le convaincre d'ouvrir une enquête. Alors apparut le pot aux roses : le syndic opérait sans licence et n'avait jamais reversé un *fēn* de charges aux compagnies intéressées – qui menaçaient de couper la distribution.

Les rôles furent donc inversés : le syndic perdit sa charge. De retour au bercail, Yang raconte à qui veut l'entendre sa mésaventure en forme de *tiān fāng yè tán*, conte des mille et une nuits et monde à l'envers. Le propriétaire s'interroge aussi pour savoir quelle règle régnera sur la ville chinoise de demain sous le régime de la copropriété : l'égalité des droits et des devoirs (le passage des hommes à la responsabilité adulte), ou bien l'arbitraire et le piston, comme du temps où l'on ne possédait rien, sous la poigne d'un État corrompu et autoritaire ? Mais alors, à quoi bon avoir changé de système et, pour les citoyens, où est le bénéfice ?

16 juin 2003

bào　　　hǔ　　　píng　　　hé

« Combattre le tigre à main nue, franchir le fleuve à pied »
ou L'artiste travaille sans filet

Alain Robert, «l'homme-araignée », roi de la grimpe aux gratte-ciel qui a inscrit à son tableau de chasse des dizaines d'édifices célèbres sur les cinq continents, ne décolère pas. Débarqué à Shanghai début janvier 2001 pour s'offrir les quatre-vingt-huit étages de la tour Jinmao, la plus haute de Chine, il se vit notifier dès son arrivée (sa réputation l'ayant précédé) l'interdiction de procéder à son passe-temps capitaliste : l'ascension des édifices publics est interdite en Chine sauf permis spécial dont les chances d'obtention sont à peu près nulles.

Durant tout son séjour, Robert fut filé comme son ombre. Après avoir fait antichambre en vain pour obtenir le permis impossible, il dut se résigner à quitter la Chine le 15 février, avouant une défaite au demeurant honorable : une fois marqué par la police socialiste, aucun homme, fût-il Spiderman, ne peut plus rien !

Mais les médias chinois avaient remarqué la tentative. Après le départ de l'acrobate, la police avait fait l'éloge de sa propre efficacité. Trois jours après, alors que les gardes de la tour goûtaient un repos (croyaient-ils) mérité, Han Qizhi, paysan de trente et un ans natif de Hefei (Anhui), fut pris d'une pulsion irrésistible : tombant la veste, il s'agrippa à la structure d'acier et entreprit l'ascension en bras de chemise et chaussures de ville, insensible aux imprécations des vigiles rouge pivoine.

À quelques mètres du sommet, il fut happé par la police, les mains en sang, alors qu'il se reposait sur la balancelle des nettoyeurs de vitres. Han n'avait jamais rien gravi de sa vie. Sommé de s'expliquer, il prétendit avoir espéré de cet exploit un peu de publicité pour son échoppe de chaussures en contrebas. Il se peut fort qu'il ait aussi, d'une certaine manière, vengé le Français en démontrant la faisabilité de son projet, une fois bernées les forces de l'ordre.

Bào hŭ píng hé, fulminèrent les agents qui avaient perdu la face – « C'est de l'inconscience ! » (littéralement, « combattre le tigre à main nue, franchir le fleuve à pied »). Dessoulé de l'aventure par deux semaines à l'ombre, Han jure, bon enfant, de ne plus recommencer. Contrairement à Robert qui, lui, prétend « retourner à Shanghai dans l'année » – entre le Jinmao et lui, c'est désormais une affaire personnelle !

5 mars 2001

以身试法

yǐ   *shēn*   *shì*   *fǎ*

« Tester la loi
sur son propre corps »
ou **Provoquer l'État**

Avec une pollution écrasante et des milliers de petits ateliers aux désastreux tuyaux de poêle qui déversent leurs gaz, fumées et couleurs sulfureuses sur deux millions d'habitants, Lanzhou, la « Ville bleue » (la mal nommée), manque de lumière, sinon de joie de vivre, au cœur du Gansu, province parmi les plus pauvres, à l'ouest du pays. La ville occupant une cuvette, les riches et les nantis habitent sur les hauteurs avoisinantes, ce qui leur promet un air moins vicié et une vue plongeante.

Or, voilà qu'au printemps 2002, devant leur lotissement de fonction sur une de ces collines, les habitants de la résidence Rongda virent s'élever un chantier menaçant : par leur forêt de grues griffant le ciel, les centaines de manœuvres semblaient vouloir porter leur chantier jusqu'au Qomolangma (Everest), violant ainsi la vue imprenable sur la ville dans son corset de *smog* et de montagnes.

Cependant, les promoteurs du bureau urbain de planification avaient mal évalué la capacité de résistance de leurs victimes. Plus exactement, ils avaient négligé une donnée essentielle, l'identité des pensionnaires de Rongda. Ils n'étaient nuls autres que les soixante-deux juges de la ville et leurs familles, mal payés mais aux pouvoirs très réels : au grand registre de leur tribunal, de leur plus belle calligraphie, ils déposèrent une plainte collective et, « toute affaire cessante » (très littéralement), l'instruisirent.

En face, les bulldozers, les grues et les milliers de fourmis besognaient jour et nuit afin de porter les gratte-ciel à une hauteur irréversible. Mais pour une fois, les bétonneurs eurent le dessous. La mairie eut beau faire pression, soudoyer, rien n'y fit. Sans témoin, aux bonnes oreilles, le premier juge alla murmurer les préparatifs de grève illimitée de la magistrature, si la mairie persistait dans le projet insensé.

Une telle action aurait été sans précédent dans l'histoire de la République populaire et aurait fait les gros titres de la presse mondiale : quel maire en Chine aurait-il pu survivre politiquement à un tel scandale ? D'autant qu'une mission de la police du Parti aurait immédiatement été dépêchée pour éplucher les comptes du chantier litigieux : fort mauvaise affaire, qu'il fallait éviter à tout prix !

Contre les promoteurs et fonctionnaires, les greffiers remportèrent une victoire éclatante et inédite, dit *Le Quotidien des travailleurs*, « en raison de leur privilège et de leur savoir » : le chantier fut gelé en référé, puis tronqué à une hauteur minable.

Voilà un grand-bond-en-avant vers l'État de droit, mais surtout la preuve du fait qu'en Chine comme ailleurs, personne ne peut *yǐ shēn shì fǎ*, « tester sur son corps la rigueur de la loi » – s'attaquer impunément à la justice !

3 juin 2002

目 瞪 口 呆

mù　　　 dèng 　　　kǒu 　　　dāi

« Yeux écarquillés, bouche bée ! »
ou La double naissance de Shuangsheng

Insouciante, cette ouvrière de Fuyang (Anhui), émigrée à Canton pour cause d'emploi, rentrait par le train chez sa mère pour aller y mettre au monde son fils. Comme de rigueur en ce pays où le temps c'est de l'argent, elle s'y était prise beaucoup trop tard. Hormis les univers douillets des administrations et des groupes étrangers, la Chine ne reconnaît pas les congés de maternité, et aller accoucher, pour ces travailleuses précaires, c'est s'exposer à perdre sa place.

Avec les cahots des rails, ce qui devait arriver arriva : elle se précipita aux toilettes où elle devint mère .

Comme en tout train chinois, le lieu d'aisance était à la turque : ballotté dans la cuvette par les secousses de la voie, l'enfant à la boîte crânienne malléable fut happé à travers le conduit d'acier et finit sa trajectoire sur le ballast. Distendu par la marche du train,

le cordon ombilical céda. La jeune femme éplorée alla clamer sa plainte au policier du bord, qui refusa d'actionner le signal d'alarme – un train socialiste ne s'arrête pas.

Le convoi roulait au pas – c'était une zone de travaux : *mù dèng kǒu dāi* («yeux écarquillés, bouche bée!»), les cheminots, pelle et pioche en main, virent au loin une masse rosâtre qui s'agitait sur la caillasse. Le temps qu'ils l'atteignent, un autre convoi jaillit dans l'autre sens, passant sur le petit, déjà accablé de toutes les misères de la terre…

Récupéré, lavé et langé, l'enfant qui était né deux fois, d'une mère de chair et d'une autre d'acier, fut rendu le lendemain à sa mère dans un hôpital local.

En Europe, pour ce départ chaotique sur le chemin de fer de la vie, on lui aurait – peut-être – donné une carte orange à vie sur l'ensemble du réseau. Mais en Chine, on reste sourd à ce genre de signaux du ciel – Shuangsheng eut, pour tout cadeau baptismal, une place dans le journal!

31 mai 1999

绝处逢生

jué   chù   féng   shēng

«Se tirer miraculeusement d'une situation désespérée»
ou **Mettez un cœur dans votre moteur !**

À Guilin, ville du Guangxi célèbre pour ses collines en pain de sucre et ses gorges d'émeraude sur la Lijiang, Mme Li Xingjie chargeait deux jeunes hommes dans son taxi pour une course en banlieue. Elle ne savait pas encore que ces paysans endettés, desperados, avaient décidé de la tuer pour lui dérober sa recette et sa voiture. Ce risque est si fort en Chine que les chauffeurs de taxis sont réglementairement protégés de leurs clients par une disgracieuse cage de fer.

Ce qu'ils ignoraient, c'était la capacité rare de compassion de Li, son écoute et son bagout : vertus qui allaient *jué chù féng shēng*, «la tirer miraculeusement d'une situation désespérée».

Pour commencer, quand l'un des malfrats se plaignit de maux de ventre – l'émotion, sans doute, à l'idée du forfait imminent –, elle s'arrêta à une pharmacie et, comme ils n'avaient pas d'argent, paya de sa poche le traitement qui le soulagea instantanément.

Cela ne les empêcha pas, une fois loin de la ville, d'arrêter le véhicule et, sous la contrainte de leurs poignards, de prendre son contrôle. Saucissonnée sur la banquette arrière, elle comprit tout de suite que le nouveau chauffeur n'avait jamais conduit :

—Petit-frère, lui dit-elle, sais-tu conduire ?

—Pas vraiment, je n'ai jusqu'à présent piloté que des tracteurs.

—Je peux t'apprendre, si tu veux…

Et la prisonnière, de l'arrière, lui révéla les mystères des pédales d'embrayage, des gaz et du frein. Les bandits néophytes, pendant ce temps, lui avouaient leurs drame et désespoir… Quelques kilomètres plus loin, ayant calé dans une côte âpre, elle obtint qu'ils lui rendent le volant. Trois heures après, ils acceptaient de la laisser filer, avec sa voiture – elle leur offrit sa bourse.

Li Xingjie s'était engagée à ne pas prévenir la police. Mais après une tempête sous son crâne, elle rompit sa parole – la loi des hommes était la plus forte, et trop de collègues étaient morts égorgés ces derniers temps. Les deux surineurs timides furent donc cueillis sans retard.

Mais elle vint au tribunal et, grâce à son témoignage, ils n'en prirent que pour deux ans et six mois – verdict d'une clémence inespérée. Ensuite, elle ne les laissa pas tomber, mais retourna fréquemment les voir, au hasard d'une course, laissant invariablement un sachet de douceurs ou d'oranges.

Depuis leur pénitencier, les deux gamins lui en voulurent encore quelques mois d'avoir trahi son serment. Mais bientôt, conquis par sa vertu, ils remercièrent leur belle pilote de les avoir remis dans le droit chemin et promirent même de ne plus jamais chercher à l'égorger, une fois leur peine purgée !

7 juillet 2003

铁石心肠

tiě　　　　shí　　　　xīn　　　　cháng

« Boyaux de pierre
et cœur de fer ! »
ou **Affreux, sales et méchants**

Voici un drame comme la Chine aime en lire dans les foyers, pathétique à souhait, et qui remet en cause sa bonne conscience. D'ordinaire à cheval sur son image, le pays ne refuse pas de se remettre en cause lors de telles circonstances.

Née en 1993 à Chengdu, Yang Yang était la fille unique d'un de ces couples peu éduqués et précaires, comme en existent tant dans la génération de l'après-Mao. Le père n'avait d'amour ni pour la mère ni pour la fille, quoique celle-ci fût belle enfant : la Chine, souvent, préfère les garçons. En fait, cet homme n'avait jamais dû aimer qui que ce soit – son cœur vierge n'avait jamais chanté.

En 2000, l'homme divorça et chassa mère et fille, à la mode locale, sans aide ni compensation. N'ayant plus rien à faire à Chengdu, elles se rabattirent sur Chongqing, à trois cents kilomètres de là. Un an plus tard, la mère trouva à se remarier. L'opération aurait pu tout arranger : ce fut pire, au contraire !

Également misogyne, le nouveau beau-père battit Yang Yang régulièrement et juste avant le *chūn jié* (fête du Printemps lunaire) [1], décréta : « La fillette doit s'en aller : chez moi, ce sera la mère seule, ou bien personne. » Marâtre ou pusillanime, la mère dut se résoudre à l'abandonner. Il faut dire qu'en ce pays inclément, vivre seule est dur pour une femme, *a fortiori* avec charge d'âme !

Nantie de son barda et d'un numéro de téléphone griffonné sur un feuillet graisseux plié en quatre comme tout viatique et sans qu'aucun élément puisse la rassurer sur un hypothétique comité d'accueil !, Yang Yang fut quittée à la porte d'un bus pour Chengdu, son foyer natal. Elle avait dix ans.

À l'arrivée, sans savoir comment, elle était supposée rejoindre son père. Le beau-père indigne et la mère en larmes de crocodile lui reprirent sa clé sur cet avertissement lapidaire : « Ne reviens jamais ! »

La suite vaut un film de Zhang Yimou. Au terminal de Chengdu, n'osant quitter la gare ni téléphoner, Yang Yang fut accueillie par la police qui composa le fameux numéro. Elle (la police) entendit au bout du fil le grand-père, furieux du retour de cette enfant dont il ne voulait pas et qui rejeta tout net la suggestion de la reprendre.

Le père de Yang Yang, déclara-t-il, était monté à Pékin, d'où il ne donnait plus signe de vie. Quant à lui-même, sa pension minable suffisait à peine à le maintenir en vie. La gamine Yang Yang finit donc au bloc où elle se trouve encore – les pandores s'efforcent de déterminer qui doit assumer la charge. Un journal local a jeté sur ces familles une condamnation sans nuance : *tiě shí xīn cháng*, « boyaux de pierre et cœur de fer » !

16 février 2003

---

1. À cette date doivent être réglés les problèmes et exécutées les grandes décisions.

«Quel jour, ami, reviendras-tu?»
ou **Postface**

何日君再來

hé   rì   jūn   zài   lái

Le *chéng yǔ* est un mode de vie : pour qui pratique le mandarin, une fois le *chéng yǔ* rencontré, comment se passer de lui, de ses couleurs chaleureuses et rythmes insolites ? Il est comme cette rengaine d'une Édith Piaf chinoise des années 1930, reprise récemment par une star taïwanaise, qui rassemble sous un même toit de nostalgie les « fans » de tous bords, jeunes et vieux, jeunes ayant foi en l'avenir et staliniens tournés sur un passé nostalgique : *hé rì jūn zài lái,* « Quel jour, ami, reviendras-tu ? »

Avec sa créativité poétique, le *chéng yǔ* résume la manière de fonctionner de l'esprit chinois, aux antipodes du nôtre et malgré tout fort compréhensible et complémentaire.

Basées sur le système de symboles abstraits qu'est l'alphabet, les langues européennes partagent un génie de la synthèse et de la définition, tandis que le chinois, dont les mots sont des images à l'origine, procède par parabole et langage prophétique [1].

Tant s'en faut, le *chéng yǔ* n'est pas la seule fleur ou le seul jeu linguistique du chinois. Il en compte bien d'autres, tels les bouts rimés ou le *hòu huà* – forme littéraire connue de tous, proche du calembour, composée d'un vers posant l'énigme, suivi d'un autre qui en donne la clé.

---

1. Joël Bellassen, grammairien et inspecteur de chinois à l'Éducation nationale, cite la recherche américaine sur la morphologie fonctionnelle du cerveau humain. Selon les dernières découvertes, le lobe gauche serait la sphère d'activité de l'art, de la poésie (analogie, association) et des représentations figuratives (travail linéaire), tandis que le lobe droit abriterait toutes les formes de travail séquentiel, liées au temps et aux séries, telle la définition et la synthèse. Toutes les langues alphabétiques auraient pour siège le lobe droit. Le chinois, langue figurative, serait la seule à se ranger dans le lobe gauche, ce qui pourrait rendre compte de l'originalité fondamentale de la culture chinoise face aux autres dans le monde.

Pendant les pires années du maoïsme, qui tentèrent d'éradiquer le passé « bourgeois » et de prendre le contrôle des esprits par le biais de l'idéologie, le *chéng yǔ* servit de dernier refuge au Chinois contre l'agression extraordinaire qu'il subissait : les proverbes tenaient leur légitimité de l'Antiquité, des ancêtres, et ne pouvaient être taxés de révisionnisme. Durant dix ans, les livres disparurent, toute étude fut bannie – mais pas le *chéng yǔ*, qui inspira d'autant plus les intellectuels qu'ils avaient été exilés à la campagne, royaume du *chéng yǔ,* et que s'exprimer par aphorisme était moins dangereux que de le faire par abstraction.

Pour l'avenir, la Chine voit à présent deux processus bouleverser sa vie : le passage à l'école et le passage à la ville. De ces révolutions, le nouveau citadin tire une aisance nouvelle et des outils inconnus hier, instruments d'un redéploiement de sa liberté de penser. Parmi ceux-ci intervient la télévision, y compris, bientôt, des chaînes en mandarin produites par l'étranger. Ainsi que les DVD, l'internet – le SMS – et tous les livres dont ils rêvent, chinois ou traduits d'autres langues.

Les Chinois commencent donc à être éduqués et disposent – pour la première fois – du choix de leur information, sans être plus astreints aux seules analyses et informations desséchantes du Parti unique. Ils se risquent alors à s'exprimer. Ils nous rejoignent dans l'affirmation de soi et s'apprêtent à quitter leur éternelle jeunesse pour passer à l'état adulte.

Sur ce chemin, le *chéng yǔ* est la base. Après avoir été hier le dernier jardin secret de liberté intérieure contre le totalitarisme, il offre aujourd'hui la brique (de récupération) du palais mental de demain.

Une comparaison s'impose entre le trésor des *chéng yǔ* et celui du monde agricole.

Le secret de l'enrichissement matériel de la Chine tient à l'exode rural, à la conversion lente du magma paysan en masse ouvrière urbaine, force de travail illimitée et à bas prix.

De même l'on voit poindre l'abandon d'un mode de discours atavique, coloré mais impersonnel, qui se formulait et s'autojustifiait à coup de *chéng yǔ*. Libre de ses choix et sûr de son identité, disposant d'une bien meilleure base scolaire, le Chinois nouveau fait les vocalises d'une expression plus audacieuse et propre. Sans oublier ses bons vieux *chéng yǔ*, mais en cessant de les prendre pour une fin en soi, pour en faire désormais le matériau d'une pensée personnelle et élaborée. Ce mécanisme permet à la Chine de réaliser aujourd'hui les dividendes de millénaires d'observation et de description du monde, cristallisés dans les *chéng yǔ*, qui attendaient leur heure pour se réveiller, comme la *Belle au bois dormant*.

Tel est le ressort mental de la créativité chinoise, au-delà de son rôle de producteur ou copieur industriel : la Chine nous rejoint aussi dans les sphères scientifiques et littéraires, religieuses et philosophiques, par son potentiel de réactivité instantanée aux changements planétaires et de recomposition de son univers mental.

En ce sens, le *chéng yǔ* n'a rien d'un exercice folklorique. Il est l'humble racine d'une culture chinoise encore à naître et la garantie qu'elle restera humaine. Et pour ceux d'entre nous qui s'intéressent à ce monde chinois à travers sa langue, il constitue le premier pas vers sa connaissance.

Table des matières

284

Achevé d'imprimer en janvier 2006
sur les presses du Groupe Horizon, 13420 Gémenos
pour le compte des éditions de l'Aube
Le Moulin du Château, F-84240 La Tour d'Aigues

Numéro d'édition : 1112
Dépôt légal : janvier 2006
N° d'impression : 0512-063

Imprimé en France